SEIT JAHREN WIRD über die schwindenden Energiereserven, die Kämpfe um die letzten Lagerstätten fossiler Energieträger und über Wege aus der Krise gesprochen, geschrieben und gestritten. In allen Regierungserklärungen und in praktisch jedem Wirtschaftsbericht geht es an zentraler Stelle um die Nutzung und die Sicherung der Energieressourcen. Das Thema ist allgegenwärtig, die Diskussion hat an Heftigkeit zugenommen, und manche der neueren Ereignisse müssen als bedrohlich angesehen werden. Die Zeiten formaler „Pro-kontra-Diskussionen" sind vorbei. Denn mit steigender Abhängigkeit von Öl- und Gaslieferungen wächst auch die Erpressbarkeit in wirtschaftlicher und politischer Hinsicht. Schon eine kleine Drehung an der Preisschraube kann ganze Wirtschaftszweige in Gefahr bringen, weil die teureren Produkte nicht mehr konkurrenzfähig sind. Um zukünftig unabhängiger vom Öl und den Öl fördernden Ländern zu sein, ist die Politik gefragt. Sie ist gefordert, ein neues Versorgungskonzept zu formulieren, das auch langfristig eine echte Alternative darstellt.

THOMAS KIENZLE / AP

Steigende Benzinpreise: Welche alternativen Treibstoffe stehen zur Verfügung?

Gewaltig ist ebenso die ökologische Dimension des Themas: Es geht um fortschreitende Klimaveränderungen, die Notwendigkeit internationaler Abkommen zur Vermin des Ausstoßes von Treibhausgasen und um deren wi volle Kontrolle.

In **ENERGIEQUELLEN UND IHRE NUTZUNG** wer Ressourcen fossiler Energieträger und der Anteil rege ver Energie am Gesamtverbrauch thematisiert. Mu Wert der fossilen Energieträger neu bestimmt we. Wie steigender Energieverbrauch und wirtschaftliches Wachstum zusammenhängen, wird in **WIRTSCHAFTSWACHSTUM BRAUCHT ENERGIE** dargestellt. Dabei spielt auch die Entwicklung der Preise auf dem Energiemarkt eine Rolle. In dem Abschnitt **ENERGIE IN DER POLITIK** wird versucht herauszufinden, wie es möglich ist, die Energieversorgung sicherzustellen, ohne Spielraum für politisches Handeln aufgeben zu müssen. Unter Berücksichtigung bereits bestehender Konfliktpotenziale wird betrachtet, wie weit sie schon jetzt Auswirkungen auf die Politik in Deutschland haben. Schließlich geht der Abschnitt **ZUKUNFTSRESSOURCEN** darauf ein, welche neuen Verfahren der Stromerzeugung eine technisch und wirtschaftlich akzeptable Entwicklung nehmen.

Aus methodischen Gründen enthält das Unterrichtsmagazin Texte aus unterschiedlichen Medien – Zeitungen, Zeitschriften, Büchern und Internet. Unter **WWW.SCHULSPIEGEL.DE** findet sich außerdem ein Dossier zum Thema, in dem sich weitere Informationen recherchieren lassen. ●

ENERGIE

Konzept, Text: Reinhold Fischenich
Fischenich, Jahrgang 1945, ist am Institut für Qualitätsentwicklung in Wiesbaden im Bereich Modellprojekte zur Weiterentwicklung des Schulwesens tätig.

UNTERRICHTSMAGAZINE SPIEGEL@KLETT

Unter der Internet-Adresse www.schulspiegel.de finden Sie weitere Informationen und Links zu einzelnen Themenbereichen aus dem Heft.

IMPRESSUM

1. Auflage 1 6 5 4 3 2
2011 2010 2009 2008

Alle Drucke können nebeneinander benutzt werden, sie sind untereinander unverändert. Die letzte Zahl bezeichnet das Jahr dieses Drucks.

Dieses Werk folgt der reformierten Rechtschreibung. Ausnahmen bilden Texte, bei denen künstlerische, philologische oder lizenzrechtliche Gründe dem entgegenstehen.

HERAUSGEBER:

SPIEGEL-Verlag, Hamburg
Ernst Klett Schulbuchverlag Leipzig
Redaktion: Maria Gröhn, Ute Miszewski
Dokumentation: Jörg-Hinrich Ahrens, Heinz Egleder
Schlussredaktion: Reinhold Bussmann
Gestaltung: Sebastian Raulf
Grafik: DER SPIEGEL; Thomas Hammer
Repro: Dequa Repro GmbH, Hamburg
Druck: H. Stürtz AG, Würzburg
ISBN 3-12-065512-0
ISBN 978-3-12-065512-1

Titelbild: S. Maximishin/Agentur Focus; Erschließung von Erdgasvorkommen auf Jamal/Russland: Gaslager in einer Tiefe von 1200 Metern

Ölraffinerie in Houston, Texas

LDW / IFA

I. Energiequellen und

Wie groß die Energievorräte sind, die uns noch zur Verfügung stehen, und wie lange die entsprechenden Ressourcen noch genutzt werden können, hängt auch davon ab, wie hoch unser Verbrauch ist. So werden in diesem Abschnitt Daten und Grafiken zu Öl-, Gas- und Kohlevorräten dem Verbrauch an Energie gegenübergestellt.

Schon in den nächsten 10 bis 20 Jahren, so wird berechnet, wird die Hälfte des Gesamtpotenzials an Rohöl verbraucht sein. Von da an wird die Produktion kontinuierlich zurückgehen, ohne dass bisher ein angemessener Ersatz für die Ölvorräte in Sicht ist. Dagegen steigt der Bedarf an Energie weiter an. Für Deutschland wird ein Gesamtenergiebedarf von jährlich 500 Millionen Steinkohleeinheiten angegeben. Ein Wert, mit dem wir auf dem fünften Platz im weltweiten Energieverbrauch rangieren. Bei stetigem Anwachsen der Erdbevölkerung und dem in allen Ländern der Erde angestrebten Wirtschaftswachstum steigt der Energiebedarf rapide an. Es wird nicht möglich sein, allein mit den zur Verfügung stehenden Ressourcen diesen unglaublich großen „Energiehunger" zu stillen.

Je nachdem, wie die weitere Entwicklung des Energieverbrauchs prognostiziert wird, verbleiben unterschiedlich lange Zeiträume zur Entwicklung alternativer Versorgungskonzepte.

In einem ersten Überblick werden in diesem Abschnitt die Nutzungsmöglichkeiten regenerativer Energieformen wie Solarenergie und Windenergie beschrieben. Ihr Anteil am Gesamtenergieaufkommen nimmt inzwischen – unterstützt durch gesetzliche Regelungen und internationale Abkommen – rasch zu. Schätzungen der Entwicklung bis zum Jahr 2010 und darüber hinaus vermitteln einen ersten Eindruck davon, welchen Anteil alternative Energie in Zukunft haben könnte. Die zunehmende Verwendung von Holz zum Heizen ist dafür nur ein Beispiel.

Zu hoffen, dass eine neue Substanz gefunden würde, die das Rohöl praktisch ersetzen könnte, ist keine Lösung. Genauso wenig wird es wohl ein Verfahren zur Stromerzeugung geben, das alle anderen ablösen könnte. Es gilt also Wege zu finden, den Anteil regenerativer Energien am Gesamtaufkommen wesentlich zu steigern und die Energienutzung weiter zu optimieren.

PAUL-LANGROCK.DE

L. OTTO / AGENTUR FOCUS

Wind, Sonne, Öl, Holz: Wie sieht der Energiemix der Zukunft aus?

Ein Weg führt sicherlich über den sparsamen Umgang mit Energie. Michael Thumann und Fritz Vorholz verbinden in ihrem Artikel **„80 Millionen Verschwender"** ihren dringenden Appell zum sparsamen Umgang mit den Energievorräten mit sehr klaren Hinweisen darauf, wo Energieverschwendung in großem Umfang stattfindet. So könnte der Heizenergieverbrauch in Gebäuden bei entsprechender Dämmung glatt halbiert werden. Bei energiesparender Fahrweise – es gibt hierfür inzwischen Trainingsprogramme – ließe sich der Spritverbrauch um rund 20 Prozent senken. Solche Möglichkeiten zu nutzen, setzt in der

hre Nutzung

S. KIEFER / VARIO IMAGES

ACTION PRESS

Gesellschaft Informationsbereitschaft und konsequentes Handeln voraus. Die Autoren Thumann und Vorholz erheben die Forderung an Politiker, sich deutlicher für einen sparsameren Umgang mit Ressourcen einzusetzen. Sie stellen sich eine Politik vor, die mehr darauf achtet, den Energieverbrauch zu senken, als das Angebot an Energie zu steigern, und stufen damit die Erhöhung der Effizienz in der Energienutzung praktisch als eine neue Energiequelle ein.

Doch weniger Energie zu verbrauchen reicht allein nicht aus, um den Bedarf der Zukunft zu decken: Wenn die Vorräte knapp werden, verteuern sich die Rohstoffe, die Waren und Produkte. Die technischen, wirtschaftlichen und politischen Entwicklungen der Zukunft sind sehr eng mit der Nutzung vorhandener Energievorräte verbunden. Um sich international an den Märkten behaupten zu können, werden daher oft auch Wege beschritten, die zu Abhängigkeiten von Lieferländern führen können und politische Komplikationen gleich mitliefern. Daher müssen wirksame Alternativen zu den bisher genutzten Ressourcen entwickelt werden. Eine zwingende Aufgabe, die weltweit mit ihren technischen, wirtschaftlichen und politischen Dimensionen nach Lösungen drängt. ●

SIGRID BORN

Energiebedarf und -verbrauch in Deutschland

DEUTSCHLAND BRAUCHT VIEL Energie: rund 500 Millionen Tonnen Steinkohleeinheiten pro Jahr sind nötig, um den Energiehunger der deutschen Industrie und seiner rund 82 Millionen Einwohner zu stillen. Mit diesem Verbrauch ist der deutsche Energiemarkt der fünftgrößte der Welt. Um einen Beitrag zum weltweiten Klimaschutz zu leisten, hat sich die Bundesregierung ein ehrgeiziges Ziel gesetzt: Bis 2020 soll ein Fünftel des heutigen Strombedarfs aus erneuerbaren Quellen gedeckt werden.

Energie wird für Licht und Wärme, beim Betrieb von Maschinen und beim Austausch von Informationen eingesetzt. Die vielfältigen Umwelteinflüsse, die mit der Energieerzeugung und -nutzung verbunden sind, haben mit steigendem Energieverbrauch im letzten Jahrhundert erhebliche Umweltbelastungen, wie Luftverschmutzung, sauren Regen und Treibhauseffekt, verursacht.

Den Primärenergieverbrauch kann man in sogenannten Steinkohleeinheiten (SKE) messen: Ein Kilo Steinkohleeinheiten ist die Energiemenge, die beim Verbrennen von einem Kilo Steinkohle frei wird, in Watt umgerechnet sind das genau 8,141 Kilowatt. Um es etwas plastischer zu erklären: Diese in Deutschland benötigten 500 Millionen Tonnen Steinkohleeinheiten als Energiemenge in Form von Kohle auf die Bahn verladen würde einen Zug mit einer Länge von 400 000 Kilometern ergeben – eine Strecke, die fast zehnmal um die Erde reicht. In Deutschland, das hat Greenpeace errechnet, gehen 39 Prozent der klimaschädlichen Kohlendioxid-Emissionen auf das Konto der Stromerzeugung – jährlich mehr als 350 Millionen Tonnen.

Jeder deutsche Einwohner benötigt in einem Jahr 6 500 Kilowattstunden Strom. Zur Deckung des Energiebedarfs wurden 2003 rund 36 Prozent Mineralöl, 23 Prozent Naturgas, 14 Prozent Steinkohle und 11 Prozent Braunkohle eingesetzt. Die Kernenergie lieferte 13 Prozent des Primärenergiebedarfes. Die erneuerbaren Energieträger – hierzu zählen Wasserkraft, Windenergie, Biomasse und Sonnenenergie – leisten mit 3,6 Prozent am Primärenergieverbrauch bisher nur einen kleinen Beitrag.

AUSSTIEG AUS DER ATOMENERGIE

In Deutschland sind noch 18 Kernkraftwerke in Betrieb, aber diese sollen nach und nach abgeschaltet werden. Der Atomkonsens sieht bisher vor, die letzten Meiler in etwa 20 Jahren abzuschalten. Nach der „Vereinbarung zwischen der Bundesregierung und den Energieversorgungsunternehmen", paraphiert am 14. Juni 2000 und unterzeichnet am 11. Juni 2001, wird die künftige Nutzung der vorhandenen Kernkraftwerke (KKW) zur gewerblichen Erzeugung von Elektrizität befristet. Umgesetzt wurde die Vereinbarung vom 14. Juni 2000 durch eine Novellierung des Atomgesetzes, die am 27. April 2002 in Kraft getreten ist. Demnach wird es Neugenehmigungen für Kernkraftwerke nicht mehr geben. Unberührt hiervon bleibt aber die Forschung auf dem Gebiet der Kerntechnik.

ERNEUERBARE ENERGIEN

Etwa zehn Prozent des Stroms wird hierzulande mittlerweile aus erneuerbaren Energien gewonnen; neben Biomasse, Wasser- oder Windkraft spielen die Photovoltaik und Geothermie eine Rolle. Dank des Erneuerbare-Energien-Gesetzes (EEG), das seit 1. April 2000 in Kraft ist, versucht man in Deutschland, für einen Ausbau dieser Energien zu sorgen und ihren Anteil an der Stromversorgung bis 2010 mindestens zu verdoppeln. Durch das Erneuerbare-Energien-Gesetz vom 21. Juli 2004 werden Stromnetzbetreiber verpflichtet, Strom aus erneuerbaren Energien vorrangig abzunehmen und dafür einen festgelegten Preis zu

Weltweiter Energieverbrauch

in Exajoule

1 Exajoule = 34,12 Mio. Tonnen Steinkohleneinheiten

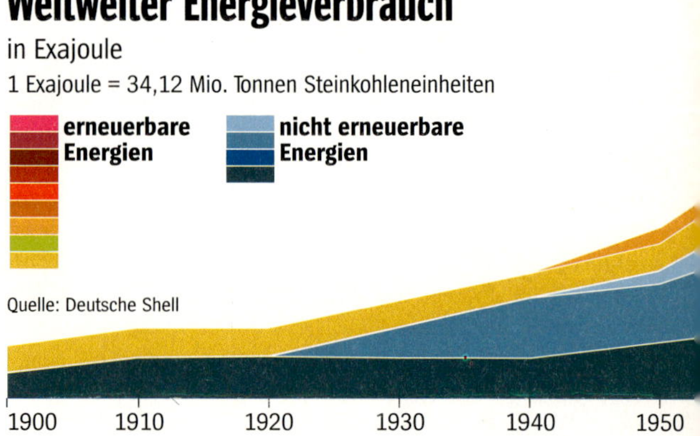

zahlen. Seit dem Inkrafttreten des ersten Erneuerbare-Energien-Gesetzes im Jahr 2000 sind zahlreiche Neuanlagen errichtet worden. Allein durch das Erneuerbare-Energien-Gesetz konnte im Jahr 2003 die Emission von rund 23 Millionen Tonnen CO_2 vermieden werden.

Solarenergie

Die Studie „Umwelt 2004 – Unsere Energiezukunft", die vom Dualen System Deutschland, der Zeitschrift „Impulse" und dem ZDF-Umweltmagazin in Auftrag gegeben worden ist, bescheinigt der Solarenergie ein überaus positives Image. So halten 75 Prozent der Deutschen die Solarenergie für besonders umweltfreundlich. Mit 100 000 neuen Solarstromanlagen wurden 2004 in Deutschland so viele neue Anlagen eingebaut wie nirgendwo anders auf der Welt. Hier sieht die Wirtschaft enorme Wachstumspotenziale.

Nach einer Untersuchung des Wissenschaftlichen Beirats der Bundesregierung Globale Umweltveränderungen (WBGU) können bis 2050 weltweit rund 30 Prozent des Primärenergiebedarfs aus Solarenergie gedeckt werden.

Windenergie

Die Windkrafterzeuger bauen immer größere und leistungsfähigere Anlagen: Anfang des Jahres 2005 ging die weltweit größte Windkraftanlage in Brunsbüttel in Betrieb. 183 Meter hoch ist die Anlage. Sie liefert 17 Gigawattstunden Windenergie, etwa so viel wie 4 500 Haushalte in einem Jahr verbrauchen. Damit können rund 10 000 Tonnen CO_2 eingespart werden. Mitte des Jahres 2004 standen in Deutschland rund 15 790 Windräder mit einer Leistung von etwa 15 325 Megawatt. Mitte 2004 hat sich die Windkraft mit rund 54 Prozent der Stromerzeugung aus erneuerbaren Energien als stärkste Kraft der erneuerbaren Energien etabliert und die traditionelle Wasserkraft klar überholt. Zudem sind in der Industrie, die Windkrafträder herstellt, inzwischen über 50 000 Menschen beschäftigt, in allen Sparten der erneuerbaren Energien zusammen rund 120 000.

Zukunft für Kohle und Gas?

Wenn es nach der Bundesregierung geht, sollen die Wirkungsgrade von Kohlekraftwerken innerhalb der nächsten zwei Jahrzehnte um sieben Prozent und die von Gaskraftwerken um neun Prozentpunkte erhöht werden. Neben diesen Einspareffekten ergebe sich daraus eine Minderung der spezifischen Kohlendioxid-Emissionen bis 20 Prozent. Durch weitere technische Verfahren solle am Ende eine weitgehend CO_2-freie Stromerzeugung aus Kohle ermöglicht und so der Konflikt zwischen Klimaschutz und Versorgungssicherheit gelöst werden. Der Zeitbedarf für eine marktreife Entwicklung dieser Technologien werde ebenfalls auf 10 bis 20 Jahre geschätzt.

Zukunftsvisionen

Nach einer Auswertung des internationalen Aktionsprogramms, das im Juni 2004 auf der Internationalen Konferenz für erneuerbare Energien – *renewables2004* – beschlossen wurde, soll der Ausbau erneuerbarer Energien im Jahr 2015 die globalen Kohlendioxid-Emissionen um 1,2 Milliarden Tonnen verringern – das ist mehr als der gesamte CO_2-Ausstoß Deutschlands im Jahr 1990. Noch sind dies computererrechnete Zahlen, die erst der Realität standhalten müssen.

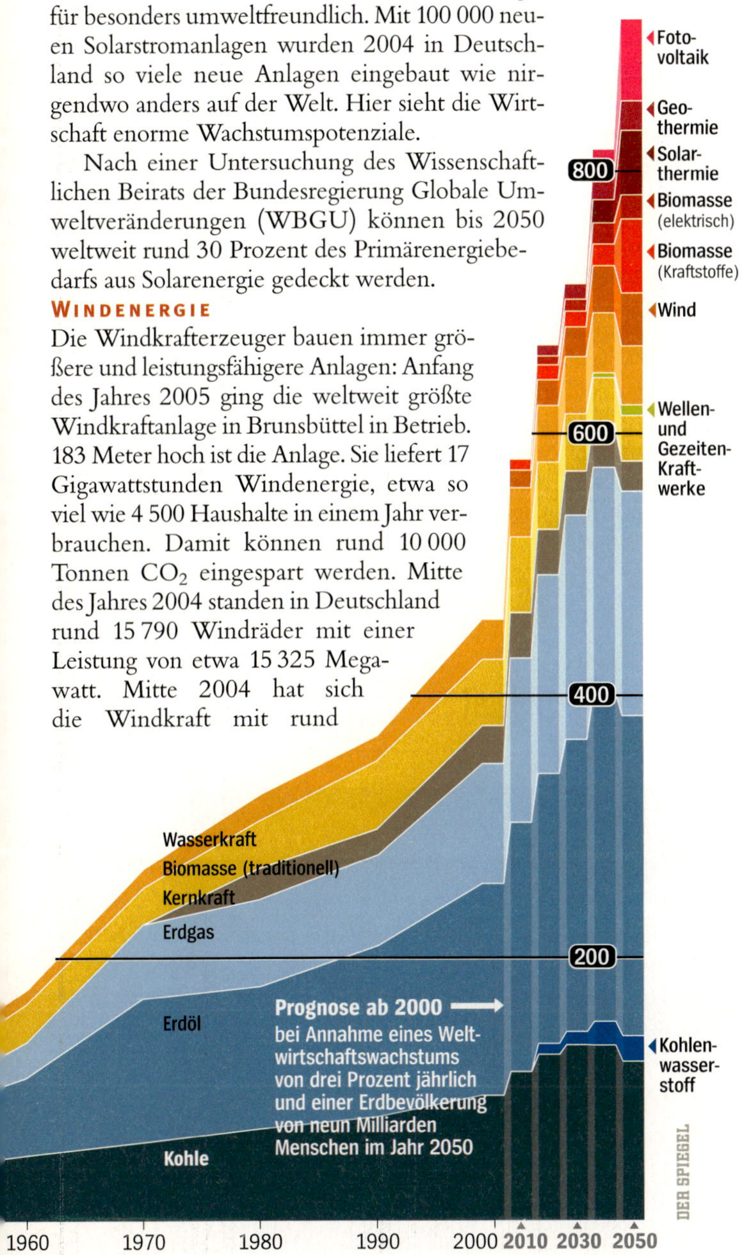

Sigrid Born: Energiebedarf in Deutschland. Goethe-Institut, Online-Redaktion, April 2005, www.goethe.de/ges/umw/thm/de432290.htm

Sigrid Born, Jahrgang 1958, arbeitet in der Online-Redaktion des Goethe-Instituts.

ALEXANDER JUNG

Wie lange noch?

FÜNF MINUTEN VOR SEINEM AUFTRITT wurde der Chefgeologe Marion King Hubbert noch ans Telefon gerufen. Sein Arbeitgeber war dran, jemand aus der Zentrale des Ölkonzerns Shell. Er möge doch bitte darauf verzichten, seine Prognose zu präsentieren, habe man auf ihn eingeredet, erzählte Hubbert später. Doch der Wissenschaftler mit dem Clark-Gable-Bärtchen blieb stur, wie so oft. Auf der Frühjahrstagung des American Petroleum Institute 1956 in San Antonio trug er genau das vor, was er vorbereitet hatte: eine Theorie, so simpel wie folgenschwer. Hubbert behauptete, der Verlauf der Ölförderung entspreche stets einer Glockenkurve: Erst steige sie an, bis sie ein Plateau erreiche, dann falle sie ab, unaufhaltsam. Nach seinen Berechnungen würden die Vereinigten Staaten in wenigen Jahren schon den Scheitelpunkt, den Peak, erreichen, etwa 1970, schätzte er. Genauer konnte er es kaum voraussehen: Tatsächlich haben die USA 1971 das Maximum gefördert. Seither sinkt die Produktion fast kontinuierlich.

Hubberts Kurve, vor exakt 50 Jahren entdeckt, gehört zum Basiswissen jedes Geologen, nach wie vor. Das Auf und Ab beschreibt mit wissenschaftlicher Präzision, was im Grunde jeder weiß, aber alle getrost verdrängen: Erdöl ist ein endliches Gut, die Vorräte schrumpfen jeden Tag, jede Stunde, jede Minute. Einmal verbraucht, sind sie dahin. Die anderen wichtigen Energieträger – Erdgas, Kohle und Uran – unterliegen demselben gnadenlosen Prozess: Immerzu werden sie abgebaut, nie aber aufgebaut. Und auch die Vorkommen an Metallen und Mineralien sind keinesfalls unerschöpflich, aber sehr wohl unersetzlich: Eisenerz bringt kein neues Eisenerz hervor, Gold kein neues Gold, nichts wächst jemals nach. Doch wer macht sich schon bewusst, wie einmalig diese Bodenschätze sind?

Es sind ungeheure Mengen, die die Bürger und die Industrie verzehren, verarbeiten oder, was am häufigsten geschieht, einfach nur verbrennen. In jeder Sekunde lösen sich weltweit im Schnitt rund tausend Fässer Öl in Rauch auf. Ein Deutscher verbraucht rein rechnerisch im Laufe seines Lebens 225 Tonnen Braun- und Steinkohle, 116 Tonnen Mineralöl, 40 Tonnen Stahl, 1,1 Tonnen Kupfer und 200 Kilogramm Schwefel. Ewig, das ist klar, kann das so nicht weitergehen – obwohl es schon eine kleine Ewigkeit so läuft.

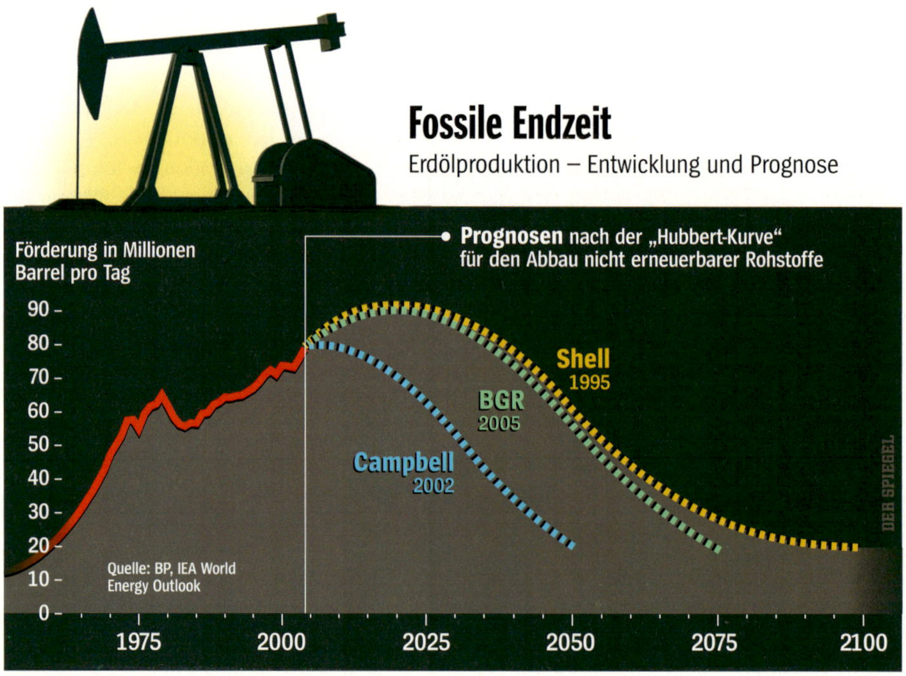

Seit Urzeiten machen sich die Menschen Rohstoffe zunutze. Sie schmieden Werkzeuge aus Eisen und Kupfer, sie heizen Wohnungen mit Kohle und Torf, sie bauen Häuser aus Sand, Gips und Stein. Doch erst die Industrialisierung ließ die Nachfrage sprunghaft ansteigen, der Handel mit Metallen, Mineralien und Brennstoffen avancierte zum globalen Geschäft. Seit dem Ende des Zweiten Weltkriegs hat die Menschheit mehr Rohstoffe verbraucht als in ihrer gesamten Geschichte zuvor.

Mit China ist ein Land in den internationalen Wettbewerb eingetreten, das außerordentlich reich an Rohstoffen ist. Doch noch weitaus gewaltiger ist sein Bedarf – an der Preisrallye der vergangenen Jahre lässt es sich leicht ablesen: Gold kostet heute fast doppelt so viel wie vor vier Jahren, Platin ist so teuer wie nie zuvor. Selbst mit Schrott lässt sich heutzutage gutes Geld verdienen.

Ausgerechnet Rohstoffe. Vor kurzem noch schenkten Investoren solchen Gütern keinerlei Beachtung. Rohstoffe, das roch nach Bergwerk, nach Staub und Schweiß, nach 19. Jahrhundert: wirtschaftlich irrelevant und ohne jeden Glamour. Bits und Bytes galten als zeitgemäßer Rohstoff, immateriell und im Überfluss vorhanden. Erst seit die Klassiker so teuer geworden sind, rückt wieder ins Bewusstsein, welche Bedeutung sie besitzen: kein Computerchip ohne Silizium, kein Kunststoff ohne Rohöl, kein Katalysator ohne Platin oder Palladium. Trotz Digitaltechnologie und Wissensmanagement: Das Fundament der Wirtschaft steht nach wie vor auf Stahl und Zement, und angetrieben wird sie von Öl, Gas und Kohle – bloß, wie lange noch? …

Am ehesten noch ist absehbar, wie es um die Versorgung mit Rohöl steht – dank der Erkenntnisse des Geologen Hubbert. Was sich hier abzeichnet, bereitet selbst den nüchternen Beobachtern der Bundesanstalt für Geowissenschaften und Rohstoffe (BGR) in Hannover inzwischen einige Sorgen. „Der Höhepunkt der Förderung liegt näher, als uns lieb sein kann“, warnt der Geologe Peter Gerling, Fachmann für fossile Brennstoffe. Schon in den nächsten 10 bis 20 Jahren werde der sogenannte Depletion Mid-Point erreicht, lautet das Ergebnis seiner neuesten Studie: Das ist der Zeitpunkt, an dem die Hälfte des Gesamtpotenzials an Rohöl verbraucht ist. Gerling ist sich seiner Sache recht sicher. „Die Erde ist gut erforscht“, sagt er, das sogenannte Erdölstockwerk sei in fast allen etwa 600 Sedimentbecken der Welt wohlbekannt: „Es wird keine großen Überraschungen mehr geben.“ Was Gerling so lapidar feststellt, hat ungeheure Brisanz: Mit dem Erreichen des Depletion Mid-Point beginnt praktisch das Ende des Ölzeitalters. Von diesem Zeitpunkt an nämlich, an dem die weltweite Förderung ihr Maximum erreicht, klafft erstmals in der Geschichte eine physische Versorgungslücke: Von da an geht es mit der Produktion bergab, während der Verbrauch aller Voraussicht nach weiter steigt. Es gibt kein Zurück mehr zu alten Höhen – und was besonders tückisch ist: Der Peak kommt ohne Vorwarnung.

Immerhin 33 der 48 größten Förderländer haben den Höhepunkt erreicht oder sogar schon überschritten. Großbritannien und Norwegen gehören dazu, denn die Nordsee hat die beste Zeit hinter sich: In den vergangenen fünf Jahren ist die Förderung hier um gut 20 Prozent zurückgegangen. Auch das Opec-Mitglied Indonesien und das Sultanat Oman erreichen längst nicht mehr die Produktionsziffern vergangener Jahre.

Selbst in Kuwait gibt es schon ernste Anzeichen für einen Produktionsabfall. Die staatliche Ölgesellschaft Kuwait Oil vermag im Feld Burgan die Förderleistung von zwei Millionen Barrel am Tag nicht mehr zu halten, räumte kürzlich der Unternehmenschef ein. Burgan ist die zweitgrößte Lagerstätte der Welt, sie enthält mehr als die Hälfte aller bekannten Reserven Kuwaits. Und sie war früher bekannt dafür, dass das Öl dort einfach aus der Erde floss. Das ist nun vorbei … ●

Alexander Jung: Wie lange noch? DER SPIEGEL, 14/2006, S. 128

ALEXANDER JUNG, Jahrgang 1966, ist Wirtschaftsredakteur beim SPIEGEL.

JEDER FÜNFTE HAUSHALT HEIZT MIT BRENNHOLZ

Jeder fünfte Haushalt in Deutschland setzt einer Studie zufolge Brennholz für seine Energieversorgung ein. Mehr als vier Prozent nutzten Solarkollektoren, gut zwei Prozent der Haushalte verfügten über eine Wärmepumpe, und knapp ein Prozent sei mit einer Fotovoltaikanlage ausgestattet, teilte das Bundeswirtschaftsministerium in Berlin am Mittwoch mit. Das Rheinisch-Westfälische Institut für Wirtschaftsforschung und das Meinungsforschungsinstitut Forsa hatten im Auftrag des Ministeriums rund 8000 Haushalte zu ihrem Energieverbrauch befragt. Heizöl und Erdgas sind demnach weiter Spitzenreiter in der privaten Energieversorgung. Erdgas wird in 48,6 Prozent aller befragten Haushalte eingesetzt, meist zum Heizen. Heizöl wird den Angaben zufolge hauptsächlich in den alten Ländern genutzt. Haushalte in Ostdeutschland verbrauchten durchschnittlich acht Prozent weniger Strom als westdeutsche Haushalte. Die Wissenschaftler untersuchten auch den Energieverbrauch bei Personenwagen – mit dem Ergebnis, dass 80 Prozent der von Privathaushalten genutzten Fahrzeuge mit Benzin betrieben werden. Der durchschnittliche Verbrauch je 100 Kilometer liege bei 8,3 Litern.

Reuters, 21. Dezember 2005

MICHAEL THUMANN / FRITZ VORHOLZ

80 Millionen Verschwender

JAHRELANG KAM ENERGIE aus Steckdosen, Zapfpistolen und Heizungskellern, einfach so, ein Dreh oder ein Griff genügte. Doch als Anfang des Jahres Russland der Ukraine die Gaszufuhr kappte, sank auch der Druck in deutschen Leitungen. Öl ist knapp und teuer wie nie zuvor, Kohle umweltschädlich, Atomkraft umstritten, und Sonne sowie Wind sind noch keine zuverlässigen und ergiebigen Energiequellen. Der Stoff, ohne den sich nichts bewegt, ohne den es kalt und dunkel bleibt, beschäftigt deshalb das Spitzenpersonal von Politik und Wirtschaft. Überall. Auch Deutschland steckt mitten in der Debatte um die sichere „Energieversorgung“, wie die Bundesregierung in einem Report zum Gipfel schreibt.

„Versorgung“. Schon der Begriff weist in die falsche Richtung. Die Teilnehmer des Energiegipfels, Angela Merkel, fünf Minister und die Chefs von Unternehmen wie RWE und E.on, von DaimlerChrysler und Siemens könnten es besser wissen. Sie brauchten nur einen Mann zu fragen, der einen für deutsche Zungen komplizierten Namen hat: Nebojša Nakićenović. Er ist Professor in Wien und wäre nicht nur ein Kandidat für den Nobelpreis, sondern auch für Merkels Energiegipfel. Denn Naki, wie sich der in Belgrad geborene Kernphysiker nennt, hat überraschende Erkenntnisse gewonnen, als er die Logik von Energiesystemen studierte. Für den Gipfel hätte er eine ganz einfache Botschaft: Die Beschaffung von mehr Energie löst kein einziges Problem – solange Energie weiter verschwendet wird.

Jahrelang hat Naki am Internationalen Institut für Angewandte Systemanalyse (IIASA), einer Denkfabrik in Laxenburg bei Wien, mithilfe von Computern geforscht, wohin die energiepolitische Reise gehen könnte. Er teilt seine zu Szenarien geronnenen Erkenntnisse sogar mit all jenen, die im Big Business der Energie Rang und Namen haben; das Buch, in dem sie nachzulesen sind, gab der Weltenergierat, das Netzwerk der Konzerne, mit heraus. Doch es blieb weitgehend unbeachtet.

Szenarien sind keine Prognosen, aber in sich stimmige, denkbare Entwicklungen. Sie geben Auskunft darüber, was möglich und was unmöglich ist. Unmöglich ist es nach Nakis Erkenntnis, allein mit neuer Energie, sei sie nuklear oder regenerativ erzeugt, die alte loszuwerden: Kohle, Öl und Gas. Ebenso unmöglich ist es, allein mit neuer Energie in Schach zu halten, was alle bekämpfen wollen: die Erderwärmung. Sichere Energie und erträgliche Temperaturen gehorchen einem Imperativ, der schwarzem, rotem und selbst grünem Denken eher fremd ist: Energie muss sparsamer genutzt werden. Es gebe keine bessere Möglichkeit, sagt Naki, „gleichzeitig für mehr Klimaschutz und für mehr Sicherheit zu sorgen“.

Am letzten Freitag im Februar 2006 herrscht in der größten Raffinerie Saudi-Arabiens Alarm. Scharfschützen gehen in Stellung. Zwei Autos voll mit Sprengstoff haben die Absperrungen der Ölfabrik von Abqaiq durchbrochen. Sie rasen auf die Raffinerie zu. Sicherheitstrupps schneiden ihnen den Weg ab, gezielte Schüsse setzen die Autos in Brand, sie explodieren. Der Anschlag ist vereitelt. Er hätte eine Katastrophe verursacht, die auch deutsche Autofahrer schwer getroffen hätte.

Es war nicht das erste Mal, dass al-Qaida versuchte, Ölanlagen zu sprengen. Das Ziel ist klar: Panik am Golf schüren, die Lebensader der Weltwirtschaft kappen. Mehr als 60 Prozent des Erdöls, das weltweit täglich verbraucht wird, müssen durch die Meerenge von Hormus geschleust werden. Saudi-Arabien hat seine am Golf weithin aufragenden Raffinerien, die gewaltigen Erdöltanks von Ras Tanura, das größte Erdölfeld der Welt von Ghawar, zwar militärisch geschützt. Aber al-Qaida sucht die Lücke.

Reichlich Angriffsziele bietet auch Russland, Europas wichtigster Gaslieferant. Die Kreml-Führung hat mit dem andauernden Krieg in Tschetschenien ein Terrorproblem selbst miterschaffen, und so verwundert es nicht, dass am 22. Januar 2006 eine Pipeline nach Georgien attackiert wurde. Der nächste Angriff könnte den Westen treffen.

Doch nicht nur Anschläge machen fossile Brennstoffe zur unsicheren Energiequelle. Beunruhigender noch ist die Auszehrung der Öl- und Gasvorkommen. Beim Öl rechnen Optimisten damit, dass bis mindestens 2030 kein Einbruch der Förderung zu erwarten ist. Pessimisten glauben, dass die maximale Fördermenge spätestens in vier Jahren überschritten sein wird. Die Gasvorkommen sollen zwar länger vorhalten, sagen Experten der Internationalen Energie Agentur und von BP, noch 60, vielleicht 70 Jahre. Alle Vorhersagen sind jedoch Spekulation. Denn steigt der Gasverbrauch, werden die Vorräte schneller schrumpfen.

Geht einer gänzlich unvorbereiteten Welt ihr Elixier aus? Hollywood-Filme malen schon Kriege um Öl und Gas an die Kinoleinwand.

Der polnische Präsident Lech Kaczynski fordert eine Energie-Nato. Andere, wie der deutsche Außenminister Frank-Walter Steinmeier, reden lieber von „Energiediplomatie". Doch was soll das Ziel dieser Diplomatie sein? Bessere Beziehungen zu energiereichen Staaten aufzubauen, die, bis auf Kanada und Norwegen, zur Riege der instabilen, undemokratischen Nationen gehören? Abgesehen davon, dass diese Spielart der Energiepolitik die Prinzipien deutscher Außenpolitik infrage stellt: Sie schafft eine Welt, in der Diktatoren zu „verlässlichen Partnern" werden.

Manche Militärs sind da schon weiter. Sie denken darüber nach, wie sich die Abhängigkeit vom permanenten Energienachschub verringern lässt. Vor allem vom Öl, dessen Reserven zu zwei Dritteln im heiklen Mittleren Osten liegen. Ein Energiestratege der Bundeswehr rechnet vor, dass 65 Prozent des Erdöls für Transport und Mobilität verbraucht werden. „Deshalb bedeutet Energiesicherheit, neue Antriebe zu bauen, die weniger oder gar nicht auf Öl angewiesen sind", sagt er.

Beim Erdgas beunruhigt die Strategen, dass sich die Nordsee-Reserven dem Ende zuneigen. Europa muss deshalb in Zukunft mehr importieren. Zwar bietet sich Russland, das schon heute mehr als 50 Prozent liefert, als Partnerland an. Unbehaglich ist das trotzdem, weil der Staatskonzern Gasprom zunehmend Europas Gaspreise kontrollieren kann.

Das Gegenmittel heißt Diversifizierung. Möglich wäre sie schon. Von Mitteleuropa aus gesehen, liegen 80 Prozent der gesicherten Erdgasreserven der Welt in einem Umkreis von 5000 Kilometern. Gasvorkommen in Nordafrika, im norwegischen Teil der Barentsee, am Kaspischen Meer, auch am Persischen Golf liegen in Entfernungen, die den Pipeline-Bau lohnend erscheinen lassen. Länder wie Österreich und Ungarn, Italien und Spanien interessieren sich bereits für die Vorkommen im Süden und Südosten Europas. Nur in Deutschland sind Energiekonzerne und Bundesregierung auf

AP

Beleuchtetes Bankenviertel in Frankfurt am Main: „Die moderne Industriegesellschaft befindet sich eher in der Eisenzeit der Energiegeschichte"

U. BAUMGARTEN / VARIO IMAGES

Verlegung einer Gas-Pipeline bei Bergheim: Statt um die Nachfrage tobt der Energiestreit um das Angebot

Russland fixiert – in der gutgläubigen Annahme, der Rohstoffgigant im Osten werde schon zuverlässig dafür sorgen, dass die Stuben warm bleiben …

Deutschland gilt zwar im internationalen Vergleich als energieeffiziente Nation. Nur eine Handvoll Länder, darunter Japan und Großbritannien, setzen Kohle, Öl und Gas produktiver ein. Doch selbst im deutschen Musterland wird Energie in großem Stil vernichtet. Die „ach so moderne Industriegesellschaft", sagt Eberhard Jochem, Professor für Energiewirtschaft in Zürich, befinde sich „eher im Bereich der Eisenzeit der Energiegeschichte".

Tatsächlich beanspruchen Kraftwerke und Raffinerien, Elektro- und Verbrennungsmotoren, Heizkessel, Glühbirnen und Maschinen aller Art fast zwei Drittel der überwiegend importierten Energie für sich. Als echte Nutzenergie – also als Wärme, Licht und Antriebskraft – kommt bei den Verbrauchern nur der klägliche Rest an. Einiges davon entfleucht wiederum durch schlecht gedämmte Wände, geht in Druckluft- und Kälteanlagen verloren oder muss allzu hohe Roll- oder Luftwiderstände überwinden. Die Verschwendung ist fast grenzenlos …

Es ist grotesk. Während die Energieangst grassiert, haben sich überall Energieräuber eingenistet. „Wo man hinfasst", wie der Kasseler Professor Schmid sagt, „im Großen wie im Kleinen".

Zu den großen Räubern zählt Schmid die Wohnhäuser. Um sie warm zu halten, sind pro Quadratmeter jährlich rund 20 Liter Heizöl oder die äquivalente Menge Erdgas nötig; 10 Liter wären ausreichend. Doch obwohl es profitabel ist, den Energiebedarf durch bessere Wärmedämmung zu senken, sanierten die Eigentümer ihre Gebäude zu selten und zu schlecht, hat Manfred Kleemann vom Forschungszentrum Jülich herausgefunden.

Im Kleinen sitzen die Räuber unter der Spüle. In vielen Haushalten befindet sich dort ein elektrischer Boiler, der rund um die Uhr ein paar Liter Wasser erwärmt, ob es gebraucht wird oder nicht. Den überflüssigen Stromverbrauch schätzen Experten auf jährlich drei Milliarden Kilowattstunden.

Ein kleiner Helfer, in Baumärkten für etwa 20 Euro zu haben, stoppt die Verschwendung. Die Investition macht sich binnen weniger Monate bezahlt.

Fast ohne Aufwand bewegen sich auch Autos genügsamer, allein durch richtiges Gasgeben. Um 20 Prozent ließe sich der Spritverbrauch dadurch locker senken, hat der ADAC ermittelt, der Kurse für sparsames Fahren anbietet. Langsamer ist wegen der ökonomischen Fahrweise übrigens niemand unterwegs – bloß billiger. Die jährliche Spritrechnung sämtlicher Deutschen könnte um neun Milliarden Euro sinken, behauptet sogar der Ölmulti BP ...

Jede Kilowattstunde Strom aus der Steckdose fügt der Luft 640 Gramm CO_2 zu; jeder Liter Benzin verbrennt zu 2,3 Kilogramm CO_2. Die Folge sind Sicherheitsprobleme ganz eigener Art: Es kommt zu Flüchtlingsströmen, weil die steigenden Temperaturen Ackerbau und Viehzucht in Afrika erschweren. Oder zu Sturmfluten. Die Nasa prophezeit, dass Jahrhundertstürme die Metropole New York demnächst nicht mehr nur alle 100, sondern alle 15 Jahre ereilen würden – weil die Erderwärmung den Meeresspiegel steigen lässt.

Doch während der Pegel steigt, während Öl und Gas teurer werden und eine Handvoll Länder über die verbliebenen Energievorräte verfügt, bleibt die wichtigste, sauberste und billigste Energiequelle ungenutzt: die Effizienz. Warum nur? „Weil es einfacher ist, Politik für ein paar Energieanbieter zu machen als für Millionen Energiekonsumenten", sagt Claude Mandil, der Chef der Internationalen Energie Agentur (IEA). Bleibe es dabei, schwant dem Franzosen, „bekommen wir ein Riesenproblem" ...

Energiepolitik buchstabiert sich hierzulande, wie anderswo auch, als Versorgungs-, als Angebotspolitik. Die Nachfrage zu beeinflussen gilt beinahe als unanständig. Der Fortschritt in Sachen Effizienz ist deshalb beängstigend klein geworden. Jährlich fast zwei Prozent betrug er noch in der ersten Hälfte der neunziger Jahre, auf weniger als ein Prozent war er in den Jahren zwischen 2000 und 2004 geschrumpft.

Kein Wunder. Während kaum ein Verbraucher die Sparchancen kennt, weigern sich die Politiker, gleich welcher Couleur, wenigstens für Aufklärung zu sorgen. Das Energieverbrauchslabel für Haushaltsgeräte basiert auf veralteten technischen Grundlagen, die EU-Richtlinie zur Kennzeichnung des Spritverbrauchs ist verspätet und lieblos umgesetzt worden, der Energiepass für Gebäude lässt auf sich warten, und eine Kennzeichnung des Leerlaufverbrauchs elektronischer Geräte ist nicht in Sicht ...

Statt um die Nachfrage tobt der Energiestreit daher um das Angebot. Um längere Laufzeiten für Atommeiler und die Ästhetik von Windmühlen, um Kohlekraftwerke und Sprit aus Biomasse, um neue Pipelines und Steinkohlesubventionen. Selbst die Ökogemeinde hat sich vom Angebotsdenken infizieren lassen. Der Nabu, der BUND und eine Reihe anderer Verbände kämpfen zwar für jede Kilowattstunde grünen Stroms, tun sich aber mit dem Versuch schwer, eine Kampagne für mehr Energieeffizienz zu starten. „Energieeffizienz bedeutet, dass im Erfolgsfall ein ausgemustertes Kraftwerk nicht ersetzt wird", sagt Gerd Rosenkranz, Leiter der Politikabteilung der Deutschen Umwelthilfe (DUH). Sexy sei das nicht. Nicht für Minister. Nicht für Parlamentarier. Und nicht für Umweltschützer.

„Ganz im Gegenteil", sagt Stephan Kohler. Der Geschäftsführer der Deutschen Energie-Agentur (Dena) gehört zu dem kleinen Kreis, den Angela Merkel zum Gipfel geladen hat. „Die Ausweitung des Energieangebots ist keine Lösung", sagt er und wird damit beim Energiegipfel ziemlich allein sein. Denn dort wird sich fast alles ums Angebot drehen. Merkel und ihre Minister wünschen Zusagen für den Bau neuer Stromfabriken; die Kraftwerksbetreiber sind dazu bereit, wenn die Regierung ihnen beim Emissionshandel entgegenkommt.

Das war er dann, der Gipfel.

Oder nicht? Kohler ist schon von Berufs wegen optimistisch. Mit seiner Dena, zur Hälfte im Staatsbesitz und zur Hälfte der KfW-Bank gehörend, kämpft er schließlich seit fünf Jahren nur für das Eine: mehr Effizienz. Über die Erfolge lässt sich streiten – kaum aber darüber, dass langsam, ganz langsam die Zeit für ihn arbeitet. Erstmals seit langem haben die hohen Preise des vergangenen Jahres die Verbraucher mit Energie wieder deutlich sparsamer umgehen lassen. Die neue Regierung fördert die Altbausanierung so üppig wie nie zuvor. Und Merkel & Co reden auffällig laut vom Sparen.

Ihr Wirtschaftsminister, Michael Glos, hat sogar eine „nationale Energieeffizienzstrategie" angekündigt. Abwarten, das Wort geredet haben der Effizienz schon viele. Soll jetzt mehr daraus werden, müsste Glos eine Graswurzelrevolution anzetteln. ●

Michael Thumann, Fritz Vorholz: 80 Millionen Verschwender. „Die Zeit", 13/2006, S. 23

MICHAEL THUMANN, Jahrgang 1962, ist Redakteur im Politikressort der „Zeit" und dort für den Bereich Außenpolitik zuständig.

FRITZ VORHOLZ, Jahrgang 1953, ist Redakteur im Hauptstadtbüro der „Zeit".

ANREGUNGEN FÜR DEN UNTERRICHT

1. *Stellen Sie sich vor, die Nutzung regenerativer Energieformen schreitet so voran wie prognostiziert. Wie verändern sich dann die bisherigen Bilanzen und Hochrechnungen? Wo gibt es deutliche Hinweise auf eine „Umsteuerung"?*

2. *Erörtern Sie die Darstellungen von Michael Thumann und Fritz Vorholz: „80 Millionen Verschwender", und stellen Sie die wesentlichen Argumentationslinien heraus. Kommen Sie zu ähnlichen Schlussfolgerungen wie die Autoren? Worin sehen Sie den dringendsten Handlungsbedarf (für Sie selbst, für Ihre Familie, für Ihre Gemeinde/Stadt)? Welche Handlungen hätten die besten Erfolgsaussichten?*

3. *Thumann und Vorholz sprechen in ihrem Beitrag davon, dass sich in Deutschland Energiepolitik als Versorgungspolitik darstellt. Daher werde politisch eher um das Angebot als um die Nachfrage gestritten. Erörtern Sie diese Einschätzung und recherchieren Sie Beispiele für die genannte Haltung. Erarbeiten Sie dann Verbraucherinformationen, die sich bezüglich der Energiethematik mit nutzerfreundlichen Techniken oder Verhaltensweisen auseinandersetzen. Welches der gewählten Beispiele sollte Ihrer Meinung nach möglichst rasch und effektiv zur Anwendung kommen? (Stellen Sie dazu die Argumente für eine Gesetzesinitiative zusammen.)*

II. Wirtschaftswachs

Wirtschaftswachstum und Energieverbrauch hängen direkt zusammen: Für die meisten Herstellungsverfahren werden Maschinen eingesetzt, die angetrieben, beleuchtet und belüftet werden müssen. Und auch die fertigen Waren müssen von ihrem Produktionsort zu den Abnehmern transportiert werden. Wird die Produktion gesteigert, erhöht sich meist auch der Energiebedarf.

Wegen der zunehmenden Verknappung und damit Verteuerung der Energieträger sollte mit den Ressourcen effizienter umgegangen werden. Das für die Zukunft formulierte Ziel der bereits 1971 gegründeten Arbeitsgemeinschaft Energiebilanzen ist es, die zur Verfügung stehende Energiemenge effizienter zu nutzen und damit die **Energieproduktivität** zu steigern. Nur so lässt sich die wirtschaftliche Leistung vom sogenannten Primärenergieverbrauch weitgehend abkoppeln.

Fabrikanlage in Nordrhein-Westfalen: Die Energieproduktivität soll bis 2020

Für Deutschland wird angestrebt, die Energieproduktivität bis zum Jahr 2020 zu verdoppeln (bezogen auf 1990). In der Kombination von Energieeinsparungen, effizienterer Energienutzung sowie dem zunehmenden Einsatz erneuerbarer Energien liegt eine große Chance, mehr Wirtschaftlichkeit zu erreichen. Innovationen beim Bau von Maschinen, bei der Dämmung von Häusern und bei der Optimierung der Produktionsprozesse sind die Grundlage für eine neue Entwicklung im Umgang mit Energie. Um das angestrebte Ziel einer Verdopplung der Energieproduktivität zu erreichen, ist es allerdings notwendig, dass die Gesetzesinitiativen und Verordnungen weitreichend formuliert werden. Der politische Wille zu deren Umsetzung muss deutlich artikuliert werden.

Konsequenterweise fordert Daniel Wetzel in dem Beitrag **„Der lange Weg zum 2000-Watt-Bürger“** neben sehr konkreten Handlungsschritten auch eine „Vision“, die neben aller wissenschaftlichen Erkenntnis und wirtschaftlicher Einsicht dazu dient, die Aktivitäten zum Energieeinsparen zu bündeln und gemeinsam zielgerichteter vorzugehen. Unter einer solchen Betrachtung erlangen Ausführungen zur Nachhaltigkeit sowie zu den Mechanismen der Preisentwicklung

um braucht Energie

WILFRIED WIRTH / INTERFOTO

Energie-Produktivität

Mit dem Indikator [für Energieproduktivität] wird erfasst, wie viel Bruttoinlandsprodukt (BIP) mit einer Einheit Primärenergie (gemessen in Petajoule) „produziert" wird. Er spiegelt das Verhältnis vom BIP zum Primärenergieverbrauch (BIP/PEV) wider. Je mehr volkswirtschaftliche Gesamtleistung (BIP) aus einer Einheit eingesetzter Primärenergie hervorgebracht wird, umso effizienter geht die Volkswirtschaft mit Energie um.

www.env-it.de/umweltdaten (20. April 2006)

verdoppelt werden

von Öl und Gas neue Bedeutung; sie erlauben eine andere Sicht auf Energiepolitik und geben Impulse für (bisher nicht gedachte) Innovationen.

Die vielfältigen Beziehungen zwischen Wirtschaftswachstum und Energiebedarf sind weitgehend bekannt. Inzwischen ist die Nutzung erneuerbarer Energie selbst zu einem Wirtschaftsfaktor geworden, dem für die Zukunft hohe Wachstumsraten vorhergesagt werden. In diesen Branchen steigt die Zahl der Arbeitsplätze und die technischen Herausforderungen liegen auf höchstem Niveau. Aus der noch vor wenigen Jahren belächelten „Öko-Bastlerecke" ist ein anspruchsvoller Wirtschaftszweig geworden.

MICHAEL GASSMANN / CLAUS HECKING

Handlungsbedarf beim Gas

KONJUNKTUR: ENERGIEKOSTEN TREIBEN ERZEUGERPREISE AN

Die Erzeugerpreise sind in den vergangenen Monaten stark gestiegen. Hauptgrund ist die Verteuerung der Energie. Im Februar 2006 musste auf der Herstellerebene 0,7 Prozent mehr gezahlt werden als im Januar 2006, teilte das Statistische Bundesamt am Montag mit. Die Jahresteuerung erhöhte sich von 5,6 auf 5,9 Prozent und erreichte damit den höchsten Wert seit Juni 1982. Ohne die Einrechnung von Energie wären die Produzentenpreise dagegen im Jahresvergleich nur um 1,1 Prozent gestiegen. Volkswirte, die von der Nachrichtenagentur Reuters zu den Energiekosten befragt wurden, hatten mit einem deutlich geringeren Preisanstieg gerechnet. Die Strompreise stiegen innerhalb eines Jahres um knapp 24 Prozent. Erdgas war Anfang dieses Jahres fast 30 Prozent teurer als im Vorjahr. Leichtes Heizöl kostete gut 34 Prozent und schweres Heizöl sogar knapp 74 Prozent mehr als vor einem Jahr.

www.fr-aktuell.de/ressorts/wirtschaft_und_boerse/wirtschaft/?cnt=830358 (21. März 2006)

RAUM Z des Essener Kongresszentrums ist am Mittwoch bis zum Bersten gefüllt. Am großen runden Tisch in der Mitte ist schon lange kein Platz mehr frei, zusätzliche Stühle werden eilig herbeigeschleppt – und immer noch drängen sich Menschen in den Saal: Journalisten und Verbraucherschützer, Vertreter von Gaskonzernen, Verbänden und der Bundesnetzagentur. Mit so viel Andrang hatte die europäische Vereinigung der freien Gashändler (Efet) nicht gerechnet, als sie zur Diskussion über den Gasmarkt auf der Messe „E-Word Energy & Water" einlud. Bundeskartellamt und Netzagentur haben das Interesse am Gasmarkt in den letzten Tagen jedoch angeheizt – so stark, dass sogar die „Bild"-Zeitung das hochkomplexe Thema Liberalisierung auf die Titelseite hob. Bald, so versprechen die Behörden, können die Gaskunden ihren Lieferanten frei wählen. Und dann, so behaupten sie, könnten auch die Preise endlich sinken.

Die frohe Botschaft aus dem Kartellamt lässt die Verbraucher aufhorchen. Sie hoffen, das seit Jahrzehnten währende Oligopol der Energiekonzerne werde nun zerbrechen, und die Preise würden auf Talfahrt gehen – ähnlich wie es unmittelbar nach der Freigabe der Märkte für Telekommunikation und Strom Ende der 90er Jahre geschah.

Der Handlungsbedarf scheint beim Gas besonders dringend, denn die Verbraucherpreise sind in jüngster Zeit wieder stark gestiegen. Private Haushalte müssen heute mehr als doppelt so viel bezahlen wie 1998. In stiller Eintracht schrauben Versorger und Stadtwerke ihre Preise nach oben – von

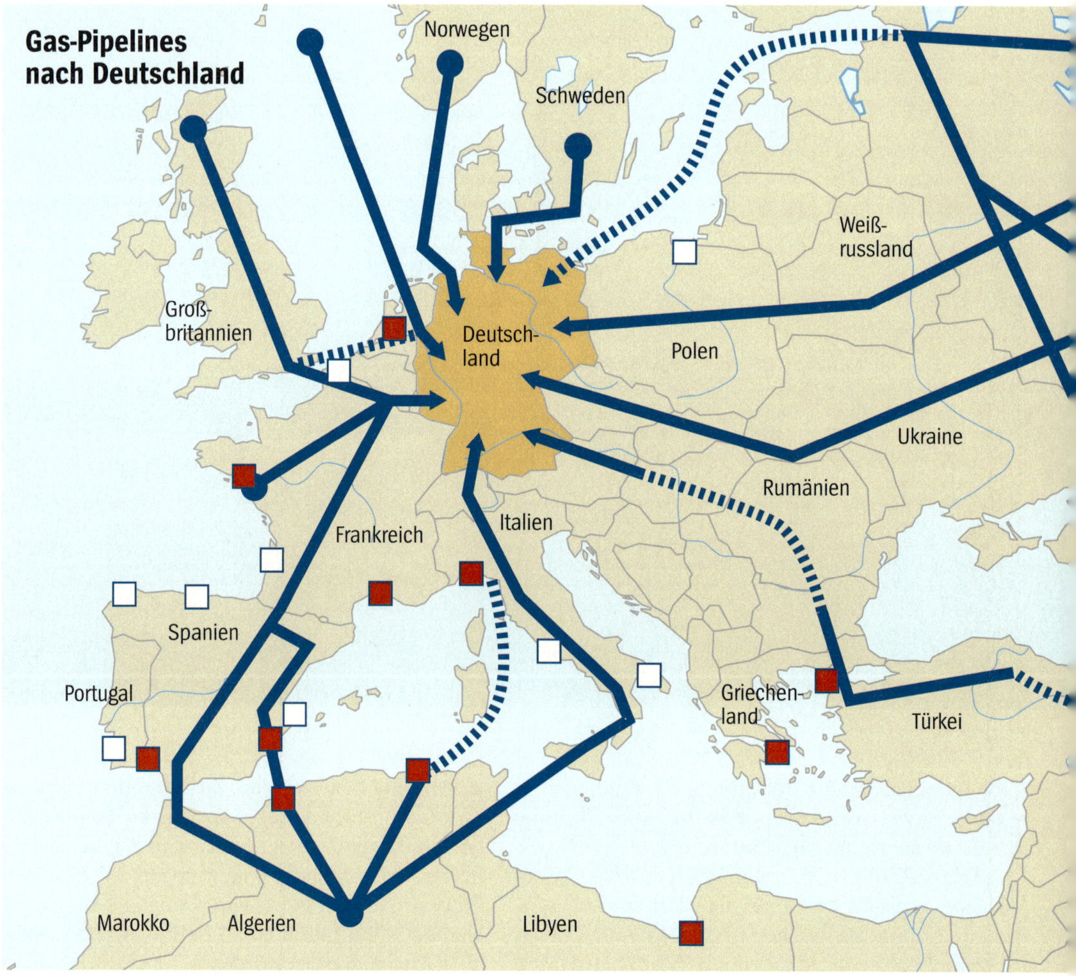

Konkurrenzkampf keine Spur. Die Industrie begründet die ständigen Verteuerungen mit dem steigenden Ölpreis, an dem sich der Gaspreis orientiere.

Doch der Verbraucherwiderstand wächst. Im Oktober 2005 legte Marktführer E.on seine Preiskalkulation in letzter Minute offen, um so einer Anordnung des Gerichts zuvorzukommen. Die Erkenntnis: Rund ein Drittel des Gaspreises sind unternehmensinterne Kosten – Raum für Preissenkungen wäre also durchaus da.

Branchenkennern fehlt indes der Glaube an die Zeitenwende. „Unter uns gibt es eine Redewendung: In zwei Jahren wird der Markt geöffnet sein. Das haben wir im Jahr 2000 gesagt – und das gilt auch jetzt noch", meint Jörg Spicker, Deutschlandpräsident der Efet, in der sich potenzielle Neueinsteiger aus ganz Europa zusammengeschlossen haben. Wolfgang Pfaffenberger, Leiter des Bremer Energieinstituts, ist ebenso skeptisch: „Wir sind vom Durchbruch noch weit entfernt."

Das neue Modell, das Kartellamtspräsident Ulf Böge in dieser Woche sieben großen Gasversorgern abgerungen hat, stößt bei den Newcomern auf wenig Gegenliebe. Zwar können fast zwei Millionen private Haushalte vom 1. April 2006 an theoretisch auf einen neuen Lieferanten umsteigen. Dieser muss jedoch seinerseits das Gas ausgerechnet vom bisherigen Lieferanten beziehen: dem örtlichen Stadtwerk.

„Ein Neuanbieter kann den Verbraucher wohl nur über deutlich niedrigere Preise zum Wechsel bewegen. Aber wie soll sich das rechnen, wenn er das Gas erst einmal beim Wettbewerber teuer einkaufen muss?", fragt Pfaffenberger. Die Firmen müssten daher erst einmal Millionenverluste einkalkulieren, um überhaupt einen Fuß in die Tür zu bekommen, „so wie damals Yello". Die Tochter des Karlsruher Energiekonzerns EnBW hatte bei der Liberalisierung des Strommarkts im Jahr 1999 mit Kampfpreisen zwar Marktanteile gewonnen, musste diese Strategie aber mit Verlusten von mehreren hundert Millionen Mark bezahlen. Hinzu kommt: Der Einstieg ins Gasgeschäft ist technisch weitaus schwieriger als beim Strom. Das Gasnetz ist ein höchst komplexes Gebilde, das aus Leitungen mit verschiedenen Druckstufen, Übergabepunkten, Speichern und Kompressoren besteht. Dazu gibt es zwei Gastypen mit unterschiedlichem Energiegehalt, die nicht ohne weiteres vermischt werden können.

... Mit einem ähnlich wagemutigen Neueinsteiger wie Yello beim Strom rechnet am Gasmarkt daher zurzeit niemand. „Ich frage mich, ob jetzt überhaupt etwas passieren wird", sagt Efet-Mann Spicker: „Wer etabliert schon Handelssysteme für eine Übergangsfrist von ein paar Monaten?" Schließlich sollen schon am 1. Oktober 2006 neue Regelungen in Kraft treten, die sicherstellen, dass Einsteiger die Pipelines der etablierten Wettbewerber zu fairen Preisen und ohne Behinderung nutzen können. Selbst Kartellamtschef Böge bezeichnet sein jetziges Modell nur als eine „Zwischenlösung". Diese aber schaffe immerhin die Grundvoraussetzung für einen funktionierenden Markt: eine Auswahl für den Verbraucher.

Aus Sicht der neuen Energieanbieter reicht das lange noch nicht, um bis Herbst faire Einstiegsbedingungen zu schaffen. Zurzeit bekunden rund 80 Firmen, unter ihnen große europäische Energieversorger wie Vattenfall oder der norwegische Statkraft-Konzern, Interesse am deutschen Gasmarkt. „Wenn aber der Handel wirklich in Gang gebracht werden soll, brauchen wir neben dem Zugang zu den Kunden auch Zugang zu Gasmengen, zu den Netzen und zu Speichern", sagt Ralf Becker von Nuon Gastransport, dem deutschen Ableger des niederländischen Energiemarktführers.

REUTERS

Liberalisierung des Gasmarktes: Private Haushalte zahlen im Jahr 2006 mehr als das Doppelte, verglichen mit 1998

Schon beim Netzzugang hapert es gewaltig. Noch immer tüftelt die Bundesnetzagentur unter Regie von Behördenchef Matthias Kurth an einem funktionierenden Konzept – die widerstrebenden Interessen der Beteiligten führen immer wieder zu Verzögerungen. So hatte Kurth ursprünglich alle Gruppen zu einem sogenannten Konsultationskreis eingeladen, um ein möglichst ausgewogenes Modell zu erarbeiten. Doch Mitte Januar 2006 verließ die Lobby der etablierten Gaswelt – ein Dutzend Ferngasgesellschaften, einige Regionalverteiler und an die 700 Stadtwerke – vorübergehend den runden Tisch. „Wir hielten es für nötig, einige Grundsatzfragen wie die technische und zeitliche Umsetzung des Wettbewerbs bei privaten Haushaltskunden im direkten Gespräch mit der Bundesnetzagentur zu klären“, rechtfertigt sich Marian Rappl vom Bundesverband der Gas- und Wasserwirtschaft (BGW).

Kurth ließ sich auf den Wunsch ein. In den vergangenen Wochen gab es mehrere Treffen zwischen seiner Agentur und dem BGW. Die Newcomer verfolgen diese Gespräche mit Argwohn: Sie fürchten, von den etablierten Konzernen ausgebootet zu werden. „Wir haben grundsätzlich nichts gegen solche bilateralen Verhandlungen. Doch am Schluss muss man wieder mit allen Beteiligten zusammenkommen“, sagt Efet-Vertreter Spicker. Karsten Weigmann vom Gasanbieter Deutsche Essent fürchtet, das Modell der Netzagentur könne für einen geplanten Markteintritt zum 1. Oktober 2006 zu spät kommen.

Die gesamte Liberalisierung hätte nach den Plänen der Bundesregierung bereits vor Monaten abgeschlossen sein müssen. Schuld an der Verspätung tragen nach Ansicht der Nachrücker die etablierten Gaskonzerne. Diese führen immer wieder angeblich unlösbare technische Probleme und die Komplexität des Systems als Hindernisse an. Für die Gegenseite sind dies Scheinargumente, die sie mit Beispielen aus dem Ausland widerlegen: „Auch in Großbritannien gab es Stimmen, die gesagt haben: ‚Unser Netz ist zu komplex für eine Freigabe‘“, berichtet ein Händler. Am Ende sei es dann doch gegangen.

Auf der Insel waren die Gaspreise nach der Marktöffnung zunächst stark gesunken. Doch eine Garantie für dauerhaft billige Energie ist die Liberalisierung nicht – wie die britischen Verbraucher jetzt schmerzlich erkennen: Auch sie mussten in den vergangenen Jahren immer höhere Gasrechnungen hinnehmen. Denn anders als in der Telekommunikation haben Rohstoffkosten beim Gas einen erheblichen Anteil am Endverbraucherpreis. Und die Notierungen an den internationalen Erdgasmärkten kennen seit langem nur eine Richtung: nach oben.

Michael Gassmann / Claus Hecking: Am längeren Hebel. „Financial Times Deutschland“, 17. Februar 2006, S. 27

MICHAEL GASSMANN, Jahrgang 1957, und CLAUS HECKING, Jahrgang 1975, sind Redakteure der „Financial Times Deutschland“.

WOLFGANG UCHATIUS

Sparen für die Konjunktur

WAHLKAMPFZEIT IST HOFFNUNGSZEIT. Hoffen auf den Aufschwung. Rot-Grün fordert höhere Löhne, damit die Wirtschaft wächst. Schwarz-Gelb verlangt niedrigere Steuern, damit die Wirtschaft wächst. Sie sollten lieber vom Ölpreis reden. Vergangenen Juli [2005] lag er bei 40, im Oktober bei 50, jetzt sind es schon 60 Dollar pro Fass, so viel wie nie zuvor. Trotzdem bleibt das Land seltsam ruhig. Kein Wort von Energiekrise. Als sei Öl nicht mehr wichtig, seit auf deutschen Wiesen ein paar Windräder stehen.

Nichts könnte verkehrter sein.

Zwar sprechen Professoren und Politiker heute gerne von der Wissens- und Dienstleistungsgesellschaft. Aber die globalisierte Wirtschaft braucht vor allem eines: Bewegung. Und Flugzeuge, Lastwagen und Schiffe bewegen sich mit Öl, auch heute noch. Zwar haben sich viele Industrieländer auf andere Energieträger umgestellt, wie Gas, Kohle oder Kernspaltung. Aber deren Preis orientiert sich wiederum am Ölpreis. Wird Öl teurer, dann wird Energie teurer, auch heute noch.

Zwar ist der Benzinpreis über die Jahre weniger stark gestiegen als der Brotpreis. Aber welcher Autofahrer denkt daran? Er denkt an gestern, an billiges Benzin, und gibt im Supermarkt weniger Geld aus. Steigt der Ölpreis, sinkt die Binnennachfrage, auch heute noch.

Statt über Löhne und Steuern sollte man in Berlin lieber über Energiepolitik nachdenken, über Möglichkeiten, Öl zu sparen. Sonst braucht sich niemand Hoffnung auf den Aufschwung zu machen. ●

Wolfgang Uchatius: Sparen für die Konjunktur. Der Ölpreis steigt, die Chance auf den Aufschwung schwindet. „Die Zeit", 27/2006, S. 21

WOLFGANG UCHATIUS, Jahrgang 1970, ist Redakteur im Wirtschaftsressort der „Zeit".

NIBOR / ACTION PRESS

Schock an der Tankstelle: Die Benzinpreise haben sich seit 1991 nahezu verdoppelt (links D-Mark, rechts Euro)

ÖKOSTROM-BRANCHE WILL KRÄFTIG INVESTIEREN

Die Branche erneuerbarer Energien will bis 2020 rund 200 Milliarden Euro in die Energieversorgung investieren und die Zahl ihrer Beschäftigten von 160 000 auf gut 500 000 erhöhen. Sie beanspruche damit eine zentrale Rolle im Wettbewerb der Energieträger, sagte der Präsident des Bundesverbandes Erneuerbare Energie, Johannes Lackmann, mit Blick auf den Energiegipfel am 3. April 2006 unter Regie von Kanzlerin Angela Merkel (CDU). „Wir erwarten, dass es für fossile Kraftwerke keine langfristigen Zusagen der Investitionssicherheit geben wird", sagte Lackmann. Damit hat im Dauerstreit mit den großen Stromkonzernen zugleich ein Wettbewerb um Investitionen, Versorgungssicherheit und die Rollen der verschiedenen Energieträger bis zur Atomkraft eingesetzt. Wie das „Handelsblatt" berichtete, wollen die großen Energieversorger auf dem Energiegipfel Investitionen von bis zu 13 Milliarden Euro zur Modernisierung des Kraftwerkparks zusagen. Das ist ein Teil jener 40 Milliarden Euro, die von den im Verband der Elektrizitätswirtschaft organisierten Stromerzeugern schon bis 2020 angekündigt worden sind. Zugleich wies Lackmann die „Mär" zurück, seine Branche sei zu sehr von Subventionen abhängig. „Wir steuern in kurzen Zeiträumen auf gängige Marktpreise zu."

www.fr-aktuell.de/ressorts/wirtschaft_und_boerse/?cnt=830346 (21. März 2006)

JOACHIM BECKER

Alle wollen weg vom Öl

JOACHIM BECKER, Jahrgang 1963, ist Redakteur der „Süddeutschen Zeitung".

KRISE? WELCHE KRISE? Steigende Spritpreise sind ein Motor des Fortschritts. „Energie und Verbrauch treiben viele unserer Gedanken angesichts des Allzeithochs beim Ölpreis", sagte Volkswagen-Chef Bernd Pischetsrieder anlässlich der Eröffnung des 27. Internationalen Motorensymposiums in Wien. Zwischen Plüsch und Pomp der alten Hofburg diskutierten rund 1000 Experten aus aller Welt, was uns morgen bewegt.

LANDOV / INTERTOPICS

Zuckerrohr als Treibstoff: „Die Gefahr steigt, dass der Regenwald gerodet wird"

Das Jahrestreffen gilt als Frühindikator für Motoren- und Modetrends der Branche: Die modernen Diesel nahmen hier ihren Lauf, Technikträume wie das Drei-Liter-Auto wurden gefeiert, während Hybridantriebe lange Zeit als unbedeutende Marktnische galten. Das hat sich geändert, doch völlig Neues konnten die Experten diesmal nicht aus dem Zylinder zaubern: Jeder weitere Effizienz- und Emissionsfortschritt ist mit hohen Kosten verbunden.

Auf 180 Trillionen Liter werden die Erdölvorräte geschätzt, darin waren sich Wissenschaftler und Techniker in Wien einig. „Das klingt viel, ist aber nur das doppelte Volumen des Genfer Sees", rechnete Mercedes-Entwicklungschef Thomas Weber vor. In einen Würfel gepackt, ergäben die Ölreserven ein Quadrat von 5,6 Kilometer Kantenlänge, aus dem jährlich ein Viereck mit je 1,6 Kilometer Kantenlänge verbraucht wird. Webers Fazit: „Wir brauchen dringender denn je innovative Technologien, um vom Öl wegzukommen." ...

Weg vom Öl wollen alle. Dem steht jedoch ein weltweit wachsender Transportbedarf entgegen. Das Londoner World Energy Council geht davon aus, dass sich der Energiehunger für Mobilität bis zum Ende des Jahrhunderts verdreifachen wird. „Obwohl die Nutzung alternativer Energiequellen stetig ansteigt, wird dieser Anstieg nicht ausreichen, um die erhöhte Nachfrage nach Ölprodukten in den nächsten 20 Jahren auszugleichen", erklärte Wolfgang Warnecke, Geschäftsführer der Shell Global Solutions (Deutschland) GmbH, in Wien: „Es wird für die Ölindustrie eine große Herausforderung, bis 2015 einen Biokraftstoffanteil von zehn Prozent zu erreichen."

Biodiesel und Ethanol sind für Sparfüchse wegen ihres Steuerbonusses attraktiv. Wenn der Fiskus wie angekündigt 70 Cent Steuer aufschlägt, dann steigt der Preis für Biosprit auf mehr als 1,40 Euro je Liter – und das bei einem rund zehn Prozent höheren Kraftstoffverbrauch. Zudem ziehen die Preise für den begehrten Ölersatz an: „Schweden kauft gerade den brasilianischen Markt für Rohrzucker leer, um mit Ethanol bis 2020 unabhängig vom Erdöl zu werden. Das kann nicht die Lösung sein", so Warnecke in seinem viel beachteten Vortrag. „Die Gefahr steigt, dass der Regenwald gerodet wird, um Anbaufläche für alternative Kraftstoffe zu gewinnen." Auch die Verbreitung des Wasserstoffantriebs liegt laut Wolfgang Warnecke noch in weiter Ferne: „Wir bei Shell glauben nicht an eine Wasserstoff-Infrastruktur innerhalb der nächsten 20 bis 30 Jahre."

Mobilität bleibt weiterhin fast vollständig vom Erdöl abhängig. Um die Kraftstoffkosten trotzdem in den Griff zu kriegen, müssen die Benziner effizienter werden. BMW und Mercedes setzen dabei auf die Direkteinspritzung der zweiten Generation. „Der neue Mercedes CLS 350 CGI steigert die Leistung um acht Prozent und senkt den Verbrauch gleichzeitig um zehn Prozent", kündigt Mercedes-Entwicklungschef Thomas Weber an ...

Joachim Becker: Alle wollen weg vom Öl. „Süddeutsche Zeitung", 6. Mai 2006, S. 2

HORST PETER WICKEL

Wirkung jenseits von Euro und Cent

„HARTE MONETÄRE KENNZAHLEN" zum ökonomischen Erfolg des Engagements seines Unternehmens in Sachen Nachhaltigkeit hat Johannes Merck nicht parat. Aber die Otto-Gruppe, so der Direktor Corporate Responsibility beim Hamburger Versandhaus, setze auf die positiven Effekte von Corporate Social Responsibility (CSR) auf allen Ebenen: besseres Image, verstärkte Kundenbindung, Vorteile bei der Personalrekrutierung und die langfristige Absicherung von Ressourcen. Bei der Refinanzierung hingegen habe sich die Nachhaltigkeit noch nicht als dominanter Faktor erwiesen, sagt Merck …

Ob und wann sich veränderte Produktionsbedingungen auch ökonomisch berechnen lassen, ist jedoch nur schwer zu ermitteln, sagt Tobias Hahn vom Berliner Institut für Zukunftsstudien und Technologiebewertung (IZT). Vor wenigen Wochen hat das Institut eine von der EU finanzierte Studie über die Wirksamkeit von Umweltmaßnahmen europäischer Industrieunternehmen veröffentlicht und die Ergebnisse erstmals in Euro angegeben.

Unter den 65 untersuchten Unternehmen waren 11 deutsche. Als ökoeffizientester Autobauer ging BMW aus der sogenannten Advance-Studie hervor, mit einem Nachhaltigkeitswert von rund 9,5 Milliarden Euro im Jahr 2003. Hahn zufolge setzt BMW seine Umweltressourcen siebenmal effizienter ein als Fiat; Volkswagen landete innerhalb des Automobilsektors auf dem vorletzten Platz. Andere deutsche Unternehmen schnitten ebenfalls überdurchschnittlich ab, wie etwa Schering oder Heidelberger Druckmaschinen.

Die Advance-Untersuchung beruht auf Kennzahlen zu Wasserverbrauch, Gesamtabfallmenge, Emissionen von Kohlendioxid, Stickstoff und Schwefeloxiden sowie flüchtigen organischen Verbindungen und Methan. Die Wissenschaftler mussten jedoch feststellen, dass längst nicht alle Unternehmen über den Verbrauch der Umweltressourcen Buch führen. „Die Zahl der europäischen Industrieunternehmen, die überhaupt verlässliche Umweltzahlen veröffentlichen, ist immer noch erschreckend gering", sagt Hahn …

Horst Peter Wickel: Wirkung jenseits von Euro und Cent. „Financial Times Deutschland", 31. Mai 2006, S. 2

HORST PETER WICKEL, Jahrgang 1955, arbeitet als freier Autor zu den Themen Wirtschaft, Finanzen und Geldanlage.

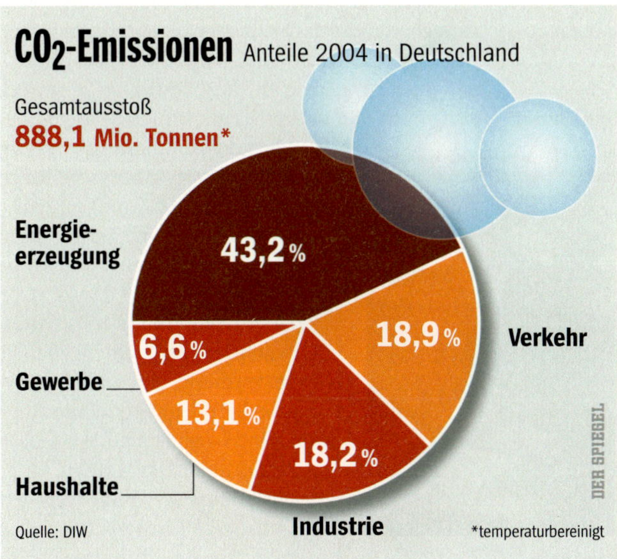

NACHHALTIGKEIT

Nachhaltigkeit ist einer der Managementbegriffe, den viele gern – am liebsten noch als englisches Sustainability – im Munde führen, ohne genau zu wissen, was er eigentlich bedeutet. Das deutsche Wort wurde vor knapp 300 Jahren in der Forstwirtschaft geprägt. Dort steht Nachhaltigkeit für eine Wirtschaftsweise, bei der die Besitzer dem Wald nicht mehr Holz entnehmen als nachwächst. In den 70er Jahren führte der Club of Rome das Schlagwort dann in die Öko-Debatte ein.

Seinen Durchbruch erlebte es mit dem 1987 veröffentlichten Brundtland-Report der Uno, benannt nach der ehemaligen Ministerpräsidentin Norwegens, Gro Harlem Brundtland. Die Autoren definieren nachhaltiges Wirtschaften als Versuch, die Bedürfnisse heutiger Generationen zu befriedigen, ohne dies künftigen zu verbauen.

Der Umweltgipfel in Rio de Janeiro 1992 erweiterte den Begriff um das Thema soziale Verantwortung. Anschließend begann der Siegeszug der Sustainability: Immer mehr Firmen nehmen heute für sich in Anspruch, nachhaltig zu arbeiten. Laut den Wirtschaftsprüfern von KPMG publiziert mittlerweile rund die Hälfte der 250 weltweit größten Konzerne Nachhaltigkeitsberichte. Anbieter wie Dow Jones oder FTSE haben Indizes aufgelegt mit Börsenunternehmen, die nach ihrer Einschätzung ökonomisch, ökologisch und sozial vorbildlich sind, und Banken verkaufen Anlegern Nachhaltigkeitsfonds.

Lothar Kuhn: Stichwort Nachhaltigkeit. Harvard Businessmanager, 6/2002, S. 15

INTERVIEW MIT ALOIS RHIEL

„Ich lehne Privilegien für Stromversorger ab“

MARKUS GRABENSTRÖER, Jahrgang 1950, ist Redakteur bei der „Frankfurter Rundschau“ im Ressort Rhein-Main.

ALOIS RHIEL (CDU), Jahrgang 1950, ist seit 2003 Minister für Wirtschaft, Verkehr und Landesentwicklung des Landes Hessen.

FR: Beim großen Hessen-Fest, dem Hessentag, gibt es auch immer eine Kommunalkonferenz mit vielen der über 400 Bürgermeistern im Land. Das sieht diesmal nicht nach Harmonie aus, wenn die Kommunalpolitiker Ihre Energietarifpolitik kritisieren.

ALOIS RHIEL: Kommunalpolitiker, die für Städte und Landkreise in den Aufsichtsgremien von Stromunternehmen sitzen, haben auch eine Verantwortung gegenüber den Kunden, die ja ihre Bürger sind. Einige sollten mehr an die Bürger und weniger an die Chefs der Stadtwerke denken.

FR: Die Kommunen, die manchmal selbst Stromversorger sind, freuen sich weniger über Ihre Preissenkungsoffensive. Sie fürchten im Extremfall das Aus für die kommunalen Stromlieferanten.

RHIEL: In der freien Marktwirtschaft darf kein Unternehmen Artenschutz für sich beanspruchen. Das gilt für die Stromunternehmen ebenso wie für Bäcker, Metzger oder Eisverkäufer. Niemand hat ein Recht auf kommunalen Schutz auf Kosten der Steuerzahler. Kommunalversorger, die ordentlich wirtschaften, werden problemlos auch eine Senkung der Netzentgelte überleben.

FR: Das glauben Sie. Aber Städtetag und die Vereinigung kommunaler Unternehmen fürchten, dass eine Energiepolitik zulasten der kommunalen Stadtwerke betrieben wird. Deutlich nachgefragt: Riskiert Rhiel mit der verbraucherfreundlichen Politik, dass kleine Versorger sterben oder von den Energiekonzernen geschluckt werden?

RHIEL: Die Landesregierung macht Politik zum Schutz des Wettbewerbs, nicht Politik zum Schutz bestimmter Wettbewerber. Netzregulierung bedeutet Wettbewerb. Mein Ziel ist so viel freier Wettbewerb wie möglich – auch auf dem Strommarkt. Deshalb lehne ich Privilegien für die Energieversorger genauso ab wie Bestandsschutz für die Kommunalversorger. Und die fünf Klagen gegen den hessischen Strompreisstopp stammen von Stadtwerken sowie von Töchtern von E.on und RWE.

FR: Die fürchten um die Versorgungssicherheit bei den Stromnetzen, bangen um Einbrüche bei den Investitionen und warnen vor einer Gefährdung der Netzstabilität.

RHIEL: Das verhindert die neue Netzregulierung. In den Stromnetzen fielen bisher stark überhöhte Monopolgewinne an. Die flossen nicht in mehr Netzsicherheit, sondern füllten die Taschen der Aktionäre, zu denen bei manchen Branchenriesen ja auch die Kommunen gehören.

FR: Lernen wir jetzt den Herz-Jesu-Sozialisten Rhiel kennen?

RHIEL: Nein, den ordoliberalen Marktwirtschaftler, der Wettbewerbsbeschränkungen bekämpft. Ich bin sowohl gegen naive Staatsgläubigkeit als auch gegen die neoliberale Illusion, der Markt regele alles.

FR: Nun hat die Marktwirtschaft bundesrepublikanischer Prägung ja immer auch den Zusatz sozial gehabt. Um genau die soziale Komponente fürchten die Kommunen, deren Stadtwerke auch Strom verkaufen, bei Ihrer Preissenkungspolitik. Denn über die Stromgewinne wird auch der öffentliche Nahverkehr mitfinanziert, werden Defizite bei Schwimmbädern ausgeglichen. Quersubventionierung lautet das Zauberwort!

RHIEL: Das ist das Gegenteil von sozialer Marktwirtschaft. Der Missbrauch der Energiemonopole zur Entlastung städtischer Haushalte ist schlicht unsozial. Bei der Finanzierung allgemeiner öffentlicher Aufgaben muss das Prinzip gelten: Starke Schultern tragen mehr als schwache Schultern. Geringverdiener und Familien trifft die überhöhte Stromrechnung eben viel stärker als gut situierte Singles.

TERZ

Alois Rhiel

FR: Muss die Rentnerin also auf den günstigen Bus verzichten, weil Reiche künftig weniger für Strom zahlen?

RHIEL: Niemand, weder die Rentnerin noch der Reiche, soll länger die Monopolgewinne beim Strom bezahlen. Denn die Stromrechnung kann nicht unterscheiden, was ein Kunde verdient, legt nicht dar, ob Kinder oder pflegebedürftige Angehörige im Haushalt sind. Busse können anders finanziert werden. Durch Ausschreibungen sollen die leistungsstärksten Firmen zum Zuge kommen, nicht automatisch die

J. GLAESCHER / LAIF

Leipziger Strombörse: An der European Energy Exchange werden die Preise für Strom, CO_2-Zertifikate und Kohle „gemacht"

kommunalen Verkehrsbetriebe. Das senkt den öffentlichen Zuschussbedarf. Mit Thesen wie „Weniger Strompreis – weniger Busse" werden Bürger für dumm verkauft und Ängste geschürt! Leider von manchem auch aus Eigennutz, um sein Einkommen politisch abzusichern.

FR: Jetzt gibt's noch mehr Ärger!

RHIEL: Manchmal muss ich schon feststellen, dass sich Politiker, aber auch Journalisten bereitwillig vor den Karren der Energiekonzerne spannen lassen. Und einige Kommunalpolitiker wahren einfach zu wenig Distanz zu ihren Kommunalunternehmen. Das bedeutet Anfälligkeit für Partikularinteressen. Die Macht der Energielobby hat für mich die Grenzen des demokratisch Akzeptablen längst erreicht!

„Ich lehne Privilegien für Stromversorger ab" – Interview von Markus Grabenströer mit Hessens Wirtschaftsminister Alois Rhiel. „Frankfurter Rundschau", 27. Mai 2006, S. 30

Teures Netz, viele Steuern

Zusammensetzung des Strompreises für den Verbraucher

Ein Privathaushalt mit 3500 Kilowattstunden (kWh) Jahresverbrauch zahlte im Januar 2006 durchschnittlich 19,46 Cent/kWh. Davon entfielen auf

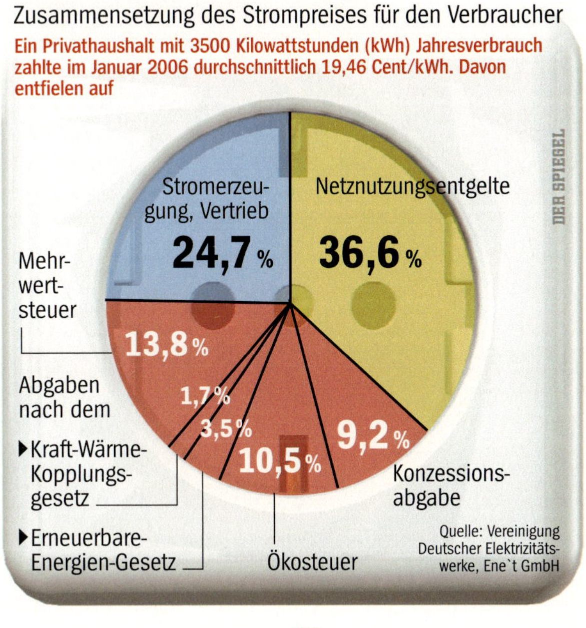

Quelle: Vereinigung Deutscher Elektrizitätswerke, Ene't GmbH

INTERVIEW MIT KLAUS MINKEL

„Auslese kann Kunden nicht freuen“

FR: Wirtschaftsminister Alois Rhiel macht Druck auf die Stadtwerke: Vergangenes Jahr Eilverfahren gegen die Gaspreise und ein Verbot der Stromerhöhungen; nun die Ankündigung, die Netzentgelte zu senken – also die Kosten, die Energieunternehmen für die Nutzung ihrer Stromnetze berechnen. Wie sehen Sie das?

KLAUS MINKEL: Soweit Herr Rhiel Gesetzesvollzug betreibt, hat er recht. Bei den Stadtwerken entsteht aber der Eindruck, dass Herr Rhiel mit einer gewissen Übermotivation an die Aufgabe herangeht. Mehr möchte ich dazu nicht sagen.

FR: Was befürchten Sie?

MINKEL: Bei den Gasnetzentgelten rechne ich ebenfalls damit, dass der Minister sie senken will. Die Fristen laufen noch. Die anderen Bundesländer werden vermutlich nachziehen. Das wird sich auf die Preise auswirken, die Gewinne werden sinken.

FR: Welche Folgen sehen Sie für die kommunalen Unternehmen?

MINKEL: Besonders für die Stadtwerke der Großstädte könnte das katastrophale Folgen haben, weil der ÖPNV – der öffentliche Nahverkehr – durch die Gewinne mitfinanziert wird. Wenn sie sinken, wird das nicht mehr finanzierbar sein.

FR: Viele Gas- und Stromkunden sehen allerdings nicht ein, warum sie mit höheren Preisen den ÖPNV und anderes finanzieren sollen.

J. MODROW / LAIF

Freibad in Hamburg: „Über die Stromgewinne werden auch Defizite bei Schwimmbädern ausgeglichen“

MINKEL: Das kann man sicher kritisieren. Man muss aber die finanzielle Lage der Großstädte sehen. Woher sollen sie das Geld nehmen? Sie bekommen es nicht vom Land oder vom Steuerzahler.

FR: Tausende von Gaskunden boykottieren die gestiegenen Preise. Warum weigern sich die Unternehmen, ihre Kalkulation offenzulegen?

MINKEL: Kein Kaufmann legt freiwillig seine Einkaufsbedingungen offen.

FR: Verbraucherschützer fordern das, weil Energieversorgung ein Grundbedürfnis ist und es bislang nicht möglich ist, den Gasversorger auszuwählen. Die Unternehmen – ob privat oder öffentlich – haben Monopolstellungen.

MINKEL: Das ist eine wunderbare Begründung für die Einführung des Sozialismus in Deutschland. Das Ganze ist aber eine offene Rechtsfrage, deshalb lässt sich dazu im Augenblick nicht mehr sagen.

FR: Herr Rhiel ist sich mit Verbraucherschützern einig, dass die Stadtwerke mit überhöhten Preisen Millionengewinne auf Kosten der Verbraucher machen. Berechtigt?

MINKEL: In den vergangenen Jahren war die Ertragslage überdurchschnittlich gut. Es ist aber nicht sinnvoll, politisch ausgerechnet bei den Stadtwerken anzusetzen. Die vier großen Energieunternehmen in Deutschland erzielen Milliardengewinne – der Einkaufspreis an der Strombörse hat sich verdreifacht. Kosten, die die Stadtwerke weitergeben müssen. Ein großer Preistreiber ist außerdem der Staat. 50 bis 60 Prozent des Preises setzen sich aus sechs staatlichen Abgaben zusammen. Viele Stadtwerke verdienen zwar Millionen, liefern ihre Gewinne aber bei den Kommunen ab und sind deshalb beim Eigenkapital ausgesprochen schwach aufgestellt und höchst verletzlich.

FR: Einige Ihrer Kollegen sehen durch die Preissenkungen bei den Netzentgelten die Zukunft der Stadtwerke gefährdet. Sehen Sie das auch so?

MINKEL: Für so manches Stadtwerk ist das, was gerade abläuft, gefährlich. Der Ausleseprozess wird sich sehr verschärfen, nicht nur in Hessen. Wenn die Einnahmen derart sinken, wird es für eine Kommune uninteressanter, noch ein eigenes Stadtwerk zu haben. Je weniger Anbieter es gibt, desto erfreulicher gestaltet sich die Preisgestaltung für die verbliebenen. Wenn am Ende die vier großen Energieunternehmen das Geschäft unter sich ausmachen, kann sich der Kunde sicher nicht freuen.

FR: Es gibt Stadtwerke, die ihre Gas- oder Stromnetze wieder zurückgekauft haben. Lässt sich so die eigene Position stärken?

MINKEL: Eher nicht. Vor fünf bis sechs Jahren konnte man damit noch gutes Geld verdienen. Inzwischen liegt die Eigenkapitalverzinsung bei 4,8 Prozent, das ist nicht sehr attraktiv. Wenn es sich finanziell nicht mehr lohnt, Netze zu betreiben, wird sich das insgesamt auf den Zustand der Netze niederschlagen.

FR: An vielen kommunalen Stadtwerken sind die großen Energieunternehmen beteiligt. Es heißt in der Branche, dass viele Stadtwerke deshalb gar nicht mehr unabhängig sind.

MINKEL: Da ist sehr viel dran. Über die Gremien und die enge Zusammenarbeit können die Konzerne einen bestimmenden Einfluss ausüben; Entscheidungen werden nicht mehr ohne Mitsprache getroffen.

FR: Angesichts der gestiegenen Preise macht es für die Kunden bislang offenbar kaum einen Unterschied, ob sie ein privater oder kommunaler Anbieter beliefert.

MINKEL: Für Bad Vilbel muss ich da widersprechen. Wir haben einen der niedrigsten Strom- und Gaspreise und ein gut ausgebautes Erdgasnetz mit einer der höchsten Anschlussdichten in Deutschland. Bei einer Marktfreigabe müssten wir diesen Standortvorteil mit jedem Anbieter teilen. Jeder Große kann in unseren Markt eindringen, uns durch Dumpingpreise kaputt machen und dann den Preis nach oben korrigieren. Wo ist da der Gewinn für die Bevölkerung?

FR: Erwarten Sie eine solche Entwicklung?

MINKEL: Wir sind finanziell relativ gut aufgestellt, das würde vermutlich länger dauern. Letztendlich könnten wir den Kampf gegen einen Konzern aber nicht gewinnen.

FR: Beim Strom hat es diese Entwicklung nicht gegeben. Warum?

MINKEL: Die Konzerne haben die Preise an den Börsen zuerst nach unten gedrückt. Dadurch konnten die Stadtwerke günstig einkaufen und hatten so hohe Gewinne wie noch nie. Inzwischen ist der Strom aber teurer als je zuvor. Es gibt Stimmen, die behaupten, dass der Konkurrenzkampf mit den neuen Netzentgelten erst richtig losgeht, weil dadurch die Ertragskraft der Stadtwerke sinkt.

FR: Haben Sie bisher einen Preiskampf festgestellt?

MINKEL: Die Industriekunden sind stark umkämpft. Bei den Haushaltskunden gibt es eigentlich nur Yello, die haben eine Million Kunden gewonnen. Dafür ist das Mutterunternehmen EnBW in Baden-Württemberg einer der teuersten Anbieter. Da erkennt man schon das Schema, nach dem das ablaufen könnte.

„Auslese kann Kunden nicht freuen" – Interview von Eske Hicken mit dem Chef der Bad Vilbeler Stadtwerke, Klaus Minkel. „Frankfurter Rundschau", 1. Juni 2006, S. 32

ESKE HICKEN, Jahrgang 1971, arbeitet als feste freie Mitarbeiterin im Wirtschaftsressort der „Frankfurter Rundschau".

KLAUS MINKEL (CDU), Jahrgang 1948, ist Politiker und Chef der Bad Vilbeler Stadtwerke. Er gehörte dem 15. Deutschen Bundestag als Abgeordneter an.

GERD ROSENKRANZ

Energiekrisen gab es schon immer

GERD ROSENKRANZ, Jahrgang 1950, promovierte in Werkstoffwissenschaften. Er war Redakteur für Wissenschaft und Ökologie bei der Berliner „Tageszeitung“ und arbeitet seit 1991 als freiberuflicher Journalist in Berlin.

... WER WILL, KANN die Zivilisationsgeschichte der Menschheit auf eine immerwährende Weiterentwicklung und Effizienzsteigerung ihrer Energieversorgungssysteme reduzieren. Stets lösten die Menschen ihre periodisch wiederkehrenden Energieprobleme mithilfe und zunehmend auch auf Kosten ihrer Umwelt. Das großartige Bäderwesen der römischen Zivilisation war nicht möglich ohne einen immensen Brennholzverbrauch, dem vermutlich weite Waldgebiete des heutigen Italien zum Opfer fielen. Zeitweise schaffte die Metropole der Spätantike ihren Bedarf an Feuerholz sogar aus Nordafrika herbei. Den globalen Gang der Dinge berührten derlei zivilisatorische Unbedachtheiten noch nicht. Betroffen waren nur die Küstenregionen, der Schaden blieb regional begrenzt. Doch mit den kahlen Berghängen mussten sich nicht nur die römischen Zeitgenossen, sondern auch nachfolgende Generationen arrangieren.

Dramatischere Formen kennzeichneten eine Energiekrise, die sich überall dort in Europa einstellte, wo seit dem Ende des ersten nachchristlichen Jahrtausends Eisenerz gefördert und Eisen gewonnen wurde. Man benötigte Grubenhölzer für die Bergwerke und Holzkohle für die Hütten. Aus 30 Tonnen Holz gewannen die Köhler 6 Tonnen Holzkohle, die wiederum zur Produktion einer Tonne Schmiedeeisen reichte. Die „Holznot“ im Einzugsgebiet vieler mittelalterlicher Reviere war groß, auch weil die Zahl der Menschen erneut zunahm und der allgemeine Bedarf an Brenn- und Bauholz kräftig anzog. Die natürliche Regenerationsfähigkeit der umliegenden Wälder reichte nicht mehr aus.

Mit dem Beginn der industriellen Revolution, der Erfindung von Dampfmaschine und Eisenbahn und einem geradezu explodierenden Energiebedarf spitzte sich die Situation zuerst in England und Ende des 18. Jahrhunderts auch auf dem Kontinent weiter zu. Aus einer zuvor auf Brennpunkte begrenzten Mangelsituation entwickelte sich eine allgemeine Holzkrise. Die Hüttenleute mussten sich nach Alternativen zur Holzkohle umsehen und fanden die Kohle. Natürlich war die Nutzung des fossilen Brennstoffs weder der Auslöser noch alleinige Ursache der industriellen Revolution. Doch sie entwickelte sich rasch zu ihrem Motor. Das spätmittelalterliche Energieproblem war gelöst. Für eine Weile.

Die neue Qualität und die Kehrseite dieses Erfolges blieben damals weitgehend unbemerkt. Erstmals hatten die Menschen begonnen, in „industriellem“ Maßstab an den über Jahrmillionen angesparten Energierücklagen der Erde zu knabbern ...

Trotz der Eisen- und Stahlgewinnung im Hochofen blieb Holz auch in Europa lange die wichtigste Energiequelle und wurde erst um die Jahrhundertwende von der Kohle aus seiner Führungsrolle verdrängt. Stein- und Braunkohle dominierten die Energieversorgung der Industrieländer ein halbes Jahrhundert, bis die Menschen der nördlichen Hemisphäre nach 1950 ihre explodierenden Ansprüche rasant auf weitere fossile Brennstoffe, Erdöl und Erdgas, ausdehnten.

Gleichwohl verschwendete kaum jemand einen Gedanken an die Endlichkeit der globalen

SPIEGEL 26/1973

SPIEGEL 46/1973

SPIEGEL 49/1973

SPIEGEL 52/1974

SPIEGEL 1-2/1977

Vorräte an fossilen Energieträgern. Zu groß schien die Spanne zwischen reichen, bereits bekannten Lagerstätten und realem Verbrauch. An überregionale oder gar globale Konsequenzen für die Umwelt mochte erst recht niemand denken. In Westdeutschland hatte man andere Sorgen: Die ruß- und schwefelgesättigte Atmosphäre in den Kohle- und Stahlrevieren nahm den Menschen die Luft zum Atmen. Bis in die frühen siebziger Jahre hinein forcierten Politiker wie Willy Brandt die „Politik der hohen Schornsteine". Die Luft- und Lebensqualität in den Industrierevieren erholte sich merklich. Doch die Schadstoffe regneten in verdünnter Form über ganz Europa ab und verschärften die Umweltkrise. In der DDR und den anderen realsozialistischen Staaten Ost- und Mitteleuropas reichte die erwirtschaftete Rendite bis zum Zusammenbruch der Kommandowirtschaften nicht einmal zur „Verdünnung" der Schadstoffe über immer höhere Kamine. Das Ökodesaster gehörte zum Alltag der Menschen, insbesondere in den Braunkohle- und Industrierevieren Ostdeutschlands.

Es mag zynisch klingen, doch die Erkenntnis der Endlichkeit der Ressourcen ließ national wie international auch deshalb so lange auf sich warten, weil die beiden Weltkriege und die Weltwirtschaftskrise der Zwischenkriegszeit die anstehende Explosion des Energieverbrauchs „unnatürlich" verzögerten. Kaum jemand, der vor den späten sechziger Jahren über den weltweiten Ressourcenverbrauch oder gar mögliche globale Konsequenzen des industriellen Wirtschaftens nachgedacht hätte. Unbekümmert wurde konsumiert, was zur Verfügung stand, und das war vor allem billiges Öl aus dem Nahen Osten, das hierzulande das Wirtschaftswunder der Nachkriegszeit bis in die frühen siebziger Jahre hinüberretten half. Noch über die 68er Studentenrevolte hieß es im Untertitel einer 20 Jahre danach erschienenen Retrospektive: „Die letzte Revolution, die noch nichts vom Ozonloch wusste" (Dany Cohn-Bendit / Reinhard Mohr, 1968, Frankfurt a. M. 1988) …

Das sollte sich bald ändern. Denn zur selben Zeit, als in Paris, Washington und Berlin die Studenten gegen Vietnamkrieg, Rassenhass und „Muff aus tausend Jahren" rebellierten, zerbrachen sich am Massachusetts Institute of Technology (MIT) in Cambridge (USA) eine Reihe weitsichtiger Wissenschaftler die Köpfe über die materiellen Überlebenschancen einer rasant wachsenden Menschheit. In Rom gründeten 70 hochrangige Wissenschaftler, Ökonomen, Industrielle und Humanisten aus 25 Ländern den Club of Rome. 1971 veröffentlichte der informelle Zusammenschluss seinen aufsehenerregenden Bericht „Die Grenzen des Wachstums" (Dennis Meadows u. a., Stuttgart 1972), der im Wesentlichen auf den Forschungsarbeiten des MIT basierte. Das schmale Bändchen mit dem Untertitel „Zur Lage der Menschheit" schlug weltweit ein wie eine Bombe.

Dabei mutet seine Botschaft aus heutiger Sicht fast banal an: Das Ehepaar Donella und Dennis Meadows und seine Mitstreiter hatten lediglich auf die Selbstverständlichkeit hingewiesen – und diese anhand von Computersimulationen untermauert –, dass bei anhaltendem exponentiellem Wachstums von Wirtschaft, Bevölkerung, Umweltbelastung, Nahrungsmittelproduktion und Ressourcenverbrauch irgendwann „im Laufe der nächsten hundert Jahre" die Erde an „endgültige Grenzen" der Belastbarkeit stoßen und in einer Katastrophe enden würde.

Das größte Verdienst des Club of Rome bestand wohl darin, das bis zu diesem Zeitpunkt vollkommen unterentwickelte Bewusstsein der Endlichkeit unseres Heimatplaneten und seiner Ressourcen weit über den wissenschaftlichen Elfenbeinturm hinaus in den Köpfen der Menschen verankert zu haben.

Gerd Rosenkranz: Energie. Rowohlt Taschenbuch Verlag, rororo special. Reinbek bei Hamburg, 1995, S. 12–18

SPIEGEL 29/1981

SPIEGEL 34/1987

SPIEGEL 3/2003

SPIEGEL 34/2003

SPIEGEL 22/2004

DANIEL WETZEL

Der lange Weg zum 2000-Watt-Bürger

AN HEISSEN TAGEN, wenn überall Energie fressende Klimaanlagen brummen, gibt der größte Autokonzern der Welt die Losung aus: „eins rauf, zwei runter“. Tausende Mitarbeiter der Toyota-Zentrale in Tokio werden so dazu angehalten, bei kurzen Wegen im Haus nicht gleich den Fahrstuhl zu benutzen: „Ein Stockwerk rauf und zwei Etagen runter kann jeder zu Fuß gehen“, meint die Firmenleitung: „Das spart Elektrizität.“ So geht es zu in Japan, dem Land mit der höchsten Energieeffizienz der Welt.

Nun schickt sich die Bundesregierung an, Japan diesen Titel abzujagen. „Unser Ziel muss es sein, Weltmeister in der Disziplin Energieeffizienz zu werden“, gibt Bundesumweltminister Siegmar Gabriel (SPD) die Parole aus – und weiß sich damit ausnahmsweise einig mit seinem Kontrahenten Michael Glos von der CSU …

Japan, das über keine Kohle, Gas- oder Erdölvorkommen verfügt, hat Energiesparen nach dem Schockerlebnis der Ölkrise von 1973 zum Volkssport gemacht. Mit Erfolg: „Insgesamt“, so resümiert die Beratungsgesellschaft McKinsey, „hat sich das japanische Bruttoinlandsprodukt seit 1973 verdoppelt – der Energieverbrauch im Industriesektor ist gleichgeblieben.“

Aus Sicht der Bundesregierung hat Japan damit gleich mehrere Fliegen mit einer Klappe geschlagen: Das Land hat nicht nur die Versorgungssicherheit erhöht und die Preisrisiken der Importabhängigkeit vermindert. Japan hat auch im Standort-Wettbewerb gewonnen. „In Zukunft“, glaubt Umweltminister Gabriel, „werden Investoren bei ihrer Standortwahl nicht mehr nach Kennziffern wie Lohnstückkosten oder Staatsquote entscheiden: Die zentrale Frage wird sein, wie viel Euro Bruttosozialprodukt erzeugen wir pro Energieeinheit?“

Da fällt der Vergleich bislang wenig schmeichelhaft aus: Denn Deutschland braucht für die Produktion von 1000 Dollar Bruttoinlandsprodukt im Schnitt die Energie von 0,18 Tonnen Erdöl. Das ist zwar besser als die Werte der USA (0,22 Tonnen Öl) oder des Weltdurchschnitts (0,32 Tonnen), aber eben noch längst nicht führend: Japan braucht für die Produktion von 1000 Dollar Bruttoinlandsprodukt nur 0,11 Tonnen Erdöl und damit 63 Prozent weniger Energie als Deutschland …

Zwar sind schon jetzt viele Programme auf den Weg gebracht: So wird noch in diesem Jahr der von der EU initiierte „Gebäude-Energiepass“ eingeführt und ein „Gebäudesanierungsprogramm“ für insgesamt 1,5 Milliarden Euro angeschoben. Damit will man den größten Energiefressern in Deutschland, den Heizkesseln der Wohnhäuser, schon mal eine Bremse verpassen.

Doch das reicht nicht aus. Nach Berechnungen des Energiewirtschaftlichen Instituts der Universität Köln (EWI) wird der spezifische Energieverbrauch bis 2030 nur um 2,1 Prozent pro Jahr sinken. „Dies wäre nicht ausreichend, um die angestrebte Verdopplung der Energieproduktivität bis 2020 zu erreichen“, warnt das Bundesumweltministerium intern: „Nach den vergleichsweise niedrigen Effizienzverbesserungen in den ersten Jahren dieses Jahrzehnts von nur rund 0,9 Prozent pro Jahr, müsste sich die Produktivitätsrate sprunghaft auf 2,9 Prozent pro Jahr erhöhen, um das Verdopplungsziel doch noch zu erreichen.“ …

Konkret denken die Ministerien darüber nach:

- die sogenannte Ökodesign-Richtlinie der EU bis 2007 so umzusetzen, dass Elektronikgeräte mit stromfressender Stand-by-Funktion künftig strenge Grenzwerte einhalten müssen oder gar nicht mehr auf den Markt kommen können;

Energieeinsatz ausgewählter Staaten, um 1000 Dollar Wertschöpfung zu erzielen
in Tonnen Erdöl-Äquivalent

DIE 10 EFFIZIENTESTEN STAATEN:	
Hongkong	0,09
Schweiz	0,11
Japan	0,11
Dänemark	0,13
Norwegen	0,13
Irland	0,14
Großbritannien	0,15
Italien	0,16
Österreich	0,17
Deutschland	**0,18**

WEITERE AUSGEWÄHLTE STAATEN:	
Frankreich	0,20
USA	0,22
Weltdurchschnitt	**0,32**
Südkorea	0,35
Polen	0,53
Tschechien	0,73
China	1,02
Indien	1,02
Russland	2,09
Ukraine	3,37

Quelle: IEA, OECD

DDP / ULLSTEIN

Weiterentwicklung des Niedrigenergie-Hauses: Ersparnisse bis zu zwei Dritteln?

- ein „Top-Runner"-Programm nach japanischem Vorbild aufzubauen, in dem die jeweils sparsamsten Elektrogeräte einer Produktklasse nach jährlicher Überprüfung ausgezeichnet werden;
- die 2008 auslaufende „Selbstverpflichtung" der Automobilwirtschaft zum Bau spritsparender und abgasarmer Autos zu erneuern und fortzuschreiben;
- die „Gebäuderichtlinie" der EU, die Grenzwerte für den Energieverbrauch pro Quadratmeter vorgibt, „auf Gebäude mit einer Fläche von weniger als 1000 Quadratmeter auszuweiten";
- das Verkehrsmanagement in den Städten unter anderem durch Telematik zu verbessern;
- mithilfe von Forschungsprogrammen die Effizienz von Kohle- und anderen Kraftwerken bis 2020 um etwa 20 Prozent zu steigern;
- die Abwärme von Kraftwerken auch zu Heizzwecken zu nutzen und deshalb die existierenden Förderprogramme zur „Kraft-Wärme-Kopplung" aufzustocken.

Ärger ist mit dieser Ideen-Liste freilich programmiert. So hat die bislang schon hohe Subventionierung von KWK-Kraftwerken kaum zum Aufbau neuer Kapazitäten geführt. Weitere Fördergelder könnten die Strompreise in die Höhe treiben und zu Verbraucherprotesten führen. Auch ist die Autoindustrie angesichts des hohen Wettbewerbsdrucks nicht bereit, neue „Selbstverpflichtungen" einzugehen …

Eberhard Jochem hat noch ein ganz anderes Manko ausgemacht. Der Effizienzexperte vom Fraunhofer Institut für System- und Innovationsforschung (ISI) vermisst hierzulande eine Vision: „Wir brauchen eine strategische Überschrift, die all die unterschiedlichen Initiativen und Akteure zusammenbringt und auf ein Ziel hin konzentriert." Jochem empfiehlt der Bundesregierung, ein Projekt zu übernehmen, das in der Schweiz Furore gemacht hat: Die 2000-Watt-Gesellschaft.

Die Idee wurde an der Eidgenössischen Technischen Hochschule Zürich (ETH) geboren. Sie propagiert, dass der durchschnittliche Energieverbrauch der Bürger auf den weltweiten Durchschnittswert von 17 500 Kilowattstunden pro Kopf und Jahr gesenkt werden sollte.

Dies entspricht einer kontinuierlichen Leistung von 2000 Watt. Schweizer – oder Deutsche – müssten ihren Energiebedarf von zurzeit rund 5500 Watt also auf das Niveau von 1960 zurückfahren. „Das ist bei gleicher Lebensqualität möglich", beruhigt Roland Stulz, Leiter des ETH-Projekts.

Der Kanton Basel-Stadt hat sich bereits auf das Spiel eingelassen und sich zur „Pilotregion" der 2000-Watt-Gesellschaft erklärt. Seitdem werden Krankenhäuser, Bürogebäude und Wohnanlagen so gebaut, dass die Nutzer pro Kopf mit 2000 Watt Leistung im Jahr auskommen. Dank der Förderprogramme wurden bereits 1200 sogenannter Minergie-Häuser errichtet, die mit einem Drittel an Energie auskommen. Die Baseler Taxizentralen satteln auf Biogas-Autos um. „Das Ziel der 2000-Watt-Gesellschaft könnte in 50 bis 100 Jahren erreicht sein", glaubt Fraunhofer-Professor Jochem: „Es gibt keinen Grund, warum Deutschland diese technologische Vision nicht übernehmen könnte." ●

Daniel Wetzel: Der Weg zum 2000-Watt-Bürger. „Die Welt", 15. März 2006, S. 12

DANIEL WETZEL, Jahrgang 1966, ist Wirtschaftsredakteur der „Welt" mit dem Schwerpunkt Umweltpolitik.

Anregungen für den Unterricht

1. *Die Öffnung des Energiemarktes wird als wichtige Voraussetzung für eine auf Dauer verträgliche Preisentwicklung angesehen. Stellen Sie wesentliche Argumente zusammen, die diese Annahme unterstützen.*

2. *Nehmen Sie die Beschreibung der Beispiele aus Hessen zum Anlass zu untersuchen, wie der Strompreis (oder Gaspreis), den Sie zahlen, kalkuliert wird. Wie ist der Preis im Vergleich zu anderen Anbietern einzuordnen?*

3. *Versuchen Sie den Begriff „Energieeffizienz" möglichst genau zu beschreiben und mit Beispielen zu unterbauen.*

4. *Wie hat sich in den letzten 60 Jahren die Energieversorgung Ihrer Stadt / Ihres Wohnortes entwickelt? Forschen Sie in der Chronik der Stadt, in Zeitungsarchiven und Bibliotheken nach. Folgende Fragen könnten dabei interessant sein:*
- *Wie wurde direkt nach dem Zweiten Weltkrieg das Problem des Heizens gelöst?*
- *Bis zu welchem Jahr wurde in Ihrer Stadt noch Kohle ausgefahren?*
- *Wann wurde die Gasbeleuchtung auf elektrische Lampen umgestellt?*
- *Wann wurde in Ihrem Wohnort die erste Solaranlage auf ein Dach montiert?*

5. *Was spricht aus Ihrer Einschätzung dafür, die Vision vom 2000-Watt-Bürger zur Leitidee eines Energielangzeitprogramms für Deutschland (für Europa) zu machen?*

III. Energie in der

Von lokalen Auseinandersetzungen bis zu großen Kriegen gibt es auch im Streit um die Verteilung der Ressourcen alle erdenklichen Formen von Ausbeutung, Unterdrückung und Vernichtung. Seit dem zweiten Golfkrieg 1990/91 und den Auseinandersetzungen nach dem 11. September 2001 mit der zunehmenden Sorge über den wachsenden Terrorismus hat sich auch die energiepolitische Lage weiter zugespitzt.

Vor dem Hintergrund, dass die ehemals sprudelnden Quellen mittlerweile zu versiegen drohen, haben diese Auseinandersetzungen eine neue Qualität. Das „Ende des Ölzeitalters" zu einer Zeit, in der noch immer neue Märkte erschlossen und Produktionen erweitert werden sollen, steigert die Abhängigkeit von Öl und Gas und verändert die Handelsbeziehungen ebenso wie die politischen Verhältnisse. Noch können einige Staaten bei geringeren Öllieferungen auf Erdgas umsteigen. Hier gibt es noch große Vorräte, die allerdings nicht alle erschlossen oder zugänglich sind.

Die Politik ist gefragt, die Bedingungen für Handel, Wirtschaft und Produktivität so gut wie möglich zu gestalten – ohne dabei in Konflikte hineingezogen zu werden. Neben Diplomatie ist aber auch radikales Umdenken erforderlich. Versorgungssicherheit kann nicht mehr durch den alten Energiemix erreicht werden, dessen zentralen Anteil das Erdöl ausmachte. Es gilt den politischen Rahmen dafür zu schaffen, dass erneuerbare Energieformen weiterentwickelt werden und in großem Maßstab Anwendung finden. Viele dieser Energieformen sind noch in einer Art Entwicklungsstadium. Die politische Herausforderung besteht darin, Zwischenlösungen zu finden wie verlässliche Lieferverträge mit verlässlichen Partnern. Parallel dazu sollen die Alternativen so ausgebaut werden, dass sie zu vernünftigen Bedingungen eingesetzt werden können.

Neben den wichtigen politischen Anstrengungen der einzelnen Mitgliedstaaten gilt es, nach den Vorstellungen der Kommission der europäischen Gemeinschaften, ein Gesamtkonzept zu schaffen,

Der Treibstoff des Krieges: Brennende Ölfelder in Kuwait, 1991

Politik

das auf nachhaltige Entwicklung, innovative Techniken und eine gemeinsame europäische Energiepolitik setzt. Dabei soll gegenseitige Unterstützung den Erfolg der notwendigen Maßnahmen sichern, zumal die anstehenden Probleme nicht an den Landesgrenzen haltmachen. Nur eine einvernehmlich entwickelte und gemeinsam umgesetzte europäische Energiestrategie kann erreichen, dass Versorgungssicherheit und Nachhaltigkeit für alle Mitgliedsländer gelten. Das gilt besonders für die Einhaltung der im Kyoto-Protokoll bestimmten verbindlichen Ziele. Hier hat sich die Europäische Union verpflichtet, bis 2012 ihre Treibhausemissionen um acht Prozent zu senken (bezogen auf die Werte von 1990).

Der Zusammenhang zwischen Öl- und Gasvorkommen und bewaffneten Auseinandersetzungen um diese Ressourcen erschreckt mit immer neuen Varianten. Handelsbeziehungen, verlässliche Lieferverträge, politische Bündnisse und militärische Schutzabkommen sind in stetigem Wandel und tragen häufig ein sehr hohes Konfliktpotenzial in sich. Erich Follath untersucht in seinem Artikel **„Der Treibstoff des Krieges“** einige dieser Zusammenhänge. Machtpolitik, unvorstellbares Leid, Ausbeutung und Unterdrückung sind häufig die Folge immer neuer Strategien und zahlreicher Fehlentscheidungen. Nur selten kommen die Menschen rohstoffreicher Entwicklungsländer auch in den Genuss ihrer „Schätze“.

Die Energieminister der acht führenden Industriestaaten haben sich vor dem Hintergrund steigender Ölpreise für den Ausbau der Atomenergie ausgesprochen. Eine Maßnahme, die nicht überall auf Zustimmung trifft, zumal die Frage der Endlagerung abgebrannter Brennelemente nicht zufriedenstellend gelöst ist.

Politiker sollten einfallsreich, mutig und mit Weitsicht die Fragen der Energieversorgung, der Ausbeutung vorhandener Ressourcen und der Entwicklung vertretbarer Alternativen angehen. ●

GAMMA / LAIF

NICO FICKINGER

Grüne warnen vor Erdölknappheit

NICO FICKINGER, Jahrgang 1964, arbeitet als Wirtschaftskorrespondent für die „Frankfurter Allgemeine Zeitung" in der Parlamentsredaktion in Berlin.

DER ENERGIEPOLITISCHE SPRECHER der Grünen-Bundestagsfraktion, Hans-Josef Fell, hat Äußerungen des venezolanischen Energieministers Rafael Ramirez, möglicherweise im zweiten Quartal die Erdölförderung zu drosseln, als Kapitulation der Opec vor der wachsenden Erdölnachfrage gewertet. „Die Opec steht kurz davor, die weiße Fahne zu hissen und die Erdölförderung zurückzufahren", sagte Fell dieser Zeitung. „EU, Bundesregierung, Länder und Kommunen sind dazu aufgerufen, Notfallpläne und Strategien zu entwickeln, um eine sichere und bezahlbare Energieversorgung ihrer Bürger auch in Zukunft zu gewährleisten." Die Lösung liege einzig im Energiesparen und dem Ausbau der erneuerbaren Energien, betonte Fell. Andernfalls werde die Weltwirtschaft „über explodierende Ölpreise und eine daraus folgende Depression" zu einer schnellen Anpassung der Nachfrage gezwungen.

Die Minister der Organisation Erdöl exportierender Länder (Opec) beraten am Dienstag in Wien über ihre Förderpolitik. Saudi-Arabiens Ölminister Ali Naimi hatte erklärt, die Opec sollte ihre tägliche Fördermenge von 28 Millionen Barrel beibehalten. „Ich sehe keinen zwingenden Grund für eine Senkung", betonte am Montag auch der Opec-Präsident und nigerianische Ölminister Edmund Daukoru. Am Rande des Weltwirtschaftsforums in Davos hatte er allerdings eingeräumt, dass auf dem Opec-Treffen über eine Senkung der Förderquoten diskutiert werde. Neben Venezuela befürwortet auch Iran eine Drosselung der Quoten.

„Die Welt ist auf begrenzte Erdölressourcen nicht eingestellt", warnte Fell. Auffallend an der Ankündigung der Opec sei, daß diese nur wenige Tage nach den Spekulationen darüber erfolge, daß die Erdölreserven Kuwaits um 100 Prozent überbewertet seien, und nachdem bekannt geworden sei, daß die Förderung im größten Erdölfeld Kuwaits zurückgeht. Inzwischen gebe es sogar „deutliche Hinweise darauf, daß auch Saudi-Arabien an die Grenzen seiner Fördermöglichkeiten gestoßen ist", sagte Fell …

Nico Fickinger: Grüne warnen vor Erdölknappheit. Energiepolitischer Sprecher Fell: Die Opec kapituliert. „Frankfurter Allgemeine Zeitung", 31. Januar 2006, S. 13 – Die „Frankfurter Allgemeine Zeitung" besteht auf der alten Rechtschreibung.

JOE KLAMAR / AFP

Opec-Minister in Wien: „Die Welt ist auf begrenzte Erdölressourcen nicht eingestellt"

DANIEL BRÖSSLER

Putin will Energiepolitik ändern

MIT WIDERSPRÜCHLICHEN SIGNALEN haben am Mittwoch [26. April 2006] in Tomsk die deutsch-russischen Regierungskonsultationen begonnen. Nur wenige Stunden vor dem Eintreffen von Bundeskanzlerin Angela Merkel und einem großen Teil ihres Kabinetts in der westsibirischen Stadt unterstrich Präsident Wladimir Putin die härtere Gangart seines Landes in Energiefragen. „Trotz der großen Nachfrage nach Energie werden alle nur denkbaren Ausreden benutzt, um uns im Norden, im Süden und im Westen einzuschränken", sagte Putin in Tomsk. Der Staatschef unterstützte damit die Position des russischen Gasmonopolisten Gasprom. Dessen Vorstandschef hatte vor einigen Tagen Behinderungen seines Konzerns innerhalb der EU beklagt und eine Hinwendung zu asiatischen Märkten angedeutet. „Wir müssen uns nach Märkten umschauen, die in den Prozess der globalen Entwicklung passen", bestätigte nun auch Putin. Die asiatisch-pazifische Region entwickle sich in großem Tempo und sei auf die Zusammenarbeit Russlands angewiesen.

Auf dem Flug nach Tomsk äußerte Bundeswirtschaftsminister Michael Glos vorsichtiges Verständnis für die russische Position. Sie sei von Selbstbewusstsein geprägt, das sich aus der hohen Zahl potenzieller Kunden speise. In einem am Mittwoch in der russischen Zeitung „Iswestija" veröffentlichten Interview sprach Kanzlerin Merkel von einer „wachsenden Zusammenarbeit" mit Russland bei der Energieversorgung. „Uns verbinden mit Russland eine strategische Partnerschaft und gutnachbarschaftliche Beziehungen im Rahmen der Europäischen Union", unterstrich sie zudem. Zu den zweitägigen Beratungen in Tomsk wurde Merkel von einer Wirtschaftsdelegation aus 20 führenden deutschen Managern begleitet, unter ihnen der Vorstandschef der Deutschen Bank, Josef Ackermann, Bahn-Chef Hartmut Mehdorn, E.on-Chef Wulf Bernotat und Jürgen Hambrecht von BASF.

Der russische Präsidentenberater Sergej Prichodko stellte die Unterzeichnung von zehn Verträgen zwischen deutschen und russischen Unternehmen in Tomsk in Aussicht. Es war aber bis Mittwochabend unklar, welche Vereinbarungen tatsächlich Unterschriftsreife erlangt hatten. Dazu zählte aber offenbar ein Geschäft zwischen Gasprom und BASF zur Erschließung des Gasfeldes Juschno Russkoje. Die Deutsche und die Russische Bahn wollten eine Vereinbarung im Logistikbereich unterzeichnen. Die Regierungen Russlands und Deutschlands treffen sich seit 1998 regelmäßig zu Konsultationen. ●

Daniel Brössler: Putin will Energiepolitik ändern. „Süddeutsche Zeitung", 27. April 2006, S. 6

DANIEL BRÖSSLER, Jahrgang 1969, ist Redakteur der „Süddeutschen Zeitung" und berichtet über außenpolitische Themen mit dem Schwerpunkt Mittel- und Osteuropa.

INTERTOPICS

Bundeskanzlerin Angela Merkel und Präsident Wladimir Putin im Januar 2006 im Kreml: Seit Jahren schon schieben die Politiker eine Neujustierung der Energiepolitik vor sich her

ALEXANDER JUNG / WOLFGANG JOHANNES REUTER

„Das ist ein Weckruf"

RUSSLAND UND DIE UKRAINE mögen ihren Streit ums Erdgas vorerst beigelegt haben – in Deutschland hat die Debatte gerade erst begonnen: Die Kaltschnäuzigkeit, mit der die Russen ihre Rohstoffmacht als Druckmittel benutzen, hat vielen Bürgern mit einem Schlag bewusst gemacht, wie verwundbar die Energieversorgung des Landes doch ist – und wie abhängig sie von der Gunst ausländischer Lieferanten sind.

Inzwischen deckt die Bundesrepublik ihren Energiebedarf schon zu etwa drei Vierteln aus Importen. So gut wie jeder Liter Mineralöl, der hierzulande verbraucht wird, stammt aus dem Ausland (97 Prozent). Doch auch bei Erdgas und Steinkohle hat die Abhängigkeit erheblich zugenommen: Gas kommt mittlerweile zu 83 Prozent aus ausländischen Vorkommen, der Importanteil von Steinkohle beträgt schon mehr als 60 Prozent, vor zehn Jahren lag er noch bei rund 18 Prozent.

Die Energieträger, die deutsche Versorger einkaufen, stammen aus vielen Quellen, doch eine überragt alle: Russland ist mit Abstand der größte Lieferant von Erdgas, vor Norwegen und den Niederlanden. Auch bei Erdöl steht das größte Land der Erde an der Spitze der Exporteure; Russland verkauft Deutschland fast zehnmal mehr Öl als Saudi-Arabien. Selbst Steinkohle bezieht Deutschland in immer größeren Mengen aus Russland, die Einfuhren haben sich in fünf Jahren verzehnfacht, mittlerweile nimmt die Rohstoffgroßmacht bei diesem Brennstoff nach Südafrika und Polen schon Rang drei ein. Dieselbe Platzierung erreichen die Russen beim Import von Uran 235, dem vierten der bedeutenden nichterneuerbaren Brennstoffe.

Deutschlands Energieverbraucher, so viel ist klar, hängen am Tropf von Russland, kein anderer westeuropäischer Staat hat sich der ehemaligen Sowjetrepublik derart ausgeliefert. Wie lange, fragen sich besorgte Politiker, kann es noch gutgehen, wenn man sich so eng an ein derart autoritäres Regime bindet? Und vor allem: Gibt es überhaupt eine Alternative?

Ganz Berlin, so scheint es, sucht aufgeregt nach einem neuen Energiemix, breiter und ausgewogner

Die Orange Revolution in Kiew: Stunde um Stunde fiel der Druck in den Leitungen, nachdem Gasprom der Ukraine den Hahn zugedreht hatte

SERGEI SUPINSKY / AFP

soll er sein: weg von der einseitigen Ausrichtung auf die Bezugsquelle Ost und weg von der Konzentration auf fossile Brennstoffe. Der SPD-Energieexperte Hermann Scheer versteht die Gasdebatte als ein klares Signal, verstärkt auf regenerative Energiequellen zu setzen: „Das ist ein Weckruf." ...

Es geht freilich um viel mehr: Seit Jahren schon schieben die Politiker eine Neujustierung der Energiepolitik vor sich her, zuletzt verabschiedete 1980 das Kabinett Helmut Schmidt ein derartiges Konzept. Seitdem hat sich keine Regierung mehr darangewagt, eine schlüssige Gesamtstrategie vorzulegen, die die drängenden Fragen beantwortet ...

Die westsibirischen „Super-Giant"-Felder Urengoi, Jamburg und Medweschje, die relativ nah an Europa liegen, sind schon zu einem Gutteil ausgeschöpft. „Spätestens ab 2015 ist dort ein deutlicher Rückgang der Fördermenge zu erwarten", heißt es in einer Studie der Stiftung Wissenschaft und Politik (SWP) in Berlin, „ausgerechnet zu einem Zeitpunkt, zu dem der Einfuhrbedarf Europas anwachsen wird." ...

Erdgas steht weltweit noch in üppigen Mengen bereit, die Explorateure haben erst 17 Prozent des vermuteten Potenzials gefördert. Anders sieht die Situation bei Erdöl aus: Hier sind schon 36 Prozent abgebaut, die Bundesanstalt für Geowissenschaften und Rohstoffe (BGR) erwartet den globalen Förderhöhepunkt bereits in 10 bis 20 Jahren. Von da an sinkt die Produktion, während der Bedarf steigt – sofern sich das Verbraucherverhalten nicht gravierend ändert. Erstmals in der Geschichte wird dann eine Versorgungslücke klaffen. Die tragende Rolle im Energiemix wird Erdöl also schon bald nicht mehr einnehmen. Erneuerbare Energiequellen aber werden kaum so schnell an seine Stelle treten können. Wasserkraft, Windkraft und die anderen „Renewables" decken noch immer nur etwa drei Prozent des Verbrauchs in Deutschland.

Hohe Erwartungen setzen die Fachleute auf Biomasse, die in synthetische Treibstoffe verwandelt wird. Auch der natürlichen Erdwärme rechnen sie einiges Potenzial aus; Geothermie könnte „einen entscheidenden Beitrag zur globalen Energieversorgung leisten", heißt es in einer Dresdner-Bank-Studie. Doch bis die heißen Quellen richtig sprudeln, werden wohl noch Jahre vergehen.

Steinkohle dagegen wäre sofort verfügbar: in gewaltigen Mengen, sogar in Deutschland, hier allerdings zu irrwitzigen Preisen. Kohle aus deutschen Schächten ist bis zu fünfmal teurer als aus Übersee ...

Solche Sorgen plagen die Betreiber von Atomkraftwerken nicht: Die Kernspaltung setzt kein schädliches Kohlendioxid frei. Und die Uranvorräte sind – anders als der neue Umweltminister Sigmar Gabriel (SPD) behauptet – noch lange nicht erschöpft. Die Bergbaubetriebe haben die Exploration in den vergangenen Jahren nur vernachlässigt, weil noch genügend Waffenuran auf dem Markt war. Jetzt, da die Preise für den Rohstoff steigen, investieren sie in neue Minen – der typische Mechanismus in dieser Branche. Die OECD schätzt, dass die Reserven den Bedarf noch weit über hundert Jahre decken.

Immerhin rund 27 Prozent des Stroms hierzulande stammen aus Kernreaktoren. Bis 2021 sollen die Betreiber die 18 noch laufenden Meiler schrittweise vom Netz nehmen, so hatte es die rot-grüne Koalition im Juni 2000 mit ihnen vereinbart.

Ungewiss ist freilich, wie die Versorgungslücke, die sich dadurch auftut, zu schließen ist. Deutschland habe zwar schon „phantastisch viel" für erneuerbare Energien getan, lobt EU-Kommissar

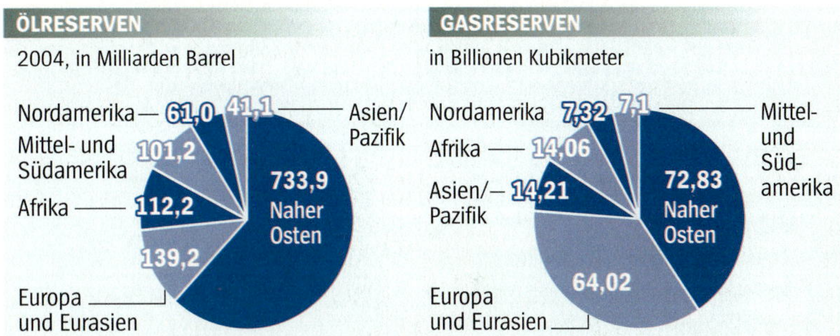

Piebalgs, doch ihre Möglichkeiten blieben begrenzt. Wollten die Deutschen aus der Atomkraft aussteigen, müssten sie die Folgen bedenken: „Natürlich führt das zu noch größeren Gas- und Erdölimporten", warnt er.

Dennoch versicherte Kanzlerin Angela Merkel vorige Woche, sie werde am Atomausstieg festhalten, so wie es im Koalitionsvertrag vereinbart sei; demnach müssten in dieser Legislaturperiode vier Atommeiler vom Netz gehen. Was sie nicht erwähnte: Es ist durchaus wahrscheinlich, dass in dieser Zeit kein einziges Kraftwerk abgeschaltet wird – zumindest nicht gegen den Willen des jeweiligen Betreibers ...

Alexander Jung / Wolfgang Reuter: Das ist ein Weckruf.
DER SPIEGEL, 2/2006, S. 34

ALEXANDER JUNG, Jahrgang 1966, ist Wirtschaftsredakteur beim SPIEGEL.
WOLFGANG JOHANNES REUTER, Jahrgang 1965, ist Reporter für das Hauptstadtbüro des SPIEGEL.

ERICH FOLLATH

Der Treibstoff des Krieges

OBIOKU, EIN DORF IN NIGERIA, Westafrika: Auf den ersten Blick ist dies das Ende der Welt – auf den zweiten erst recht. Feuchtheiße Hitze. Eine armselige Ansammlung von Bretterbuden, zerlumpte Kinder, ein Schlammloch, in dem Frauen Wasser schöpfen. Aus dem mageren Fischfang ihrer Männer kochen sie eine dünne Suppe. In der Luft liegt beißender Schwefelgeruch. Dass sich irgendjemand um dieses Fleckchen Erde streiten könnte, scheint absurd.

Doch in den vergangenen Wochen gibt es Dutzende Tote hier im Niger-Delta, Rebellen bekämpfen Regierungstruppen, stellen Ultimaten mit Milliardenforderungen an den britisch-niederländischen Konzern Shell. Dort, wo Rohrleitungen gesprengt sind, verdunkeln Rauchsäulen den Himmel. Es geht um das Erdöl, das hier in riesigen Mengen unter dem Boden liegt, besonders leichter, süßlicher, konsumentenfreundlicher Stoff.

Angeblich liegt den Aufständischen das Wohlergehen von Menschen wie denen in Obioku am Herzen. Shell-Manager sagen, drei Prozent ihres jährlichen Budgets gingen doch ohnehin in einen Fonds zur Entwicklung des Landes. Nigerianische Regierungsmitglieder zucken die Schultern, sie kämpfen angeblich intensiv gegen jede Form von Ausbeutung …

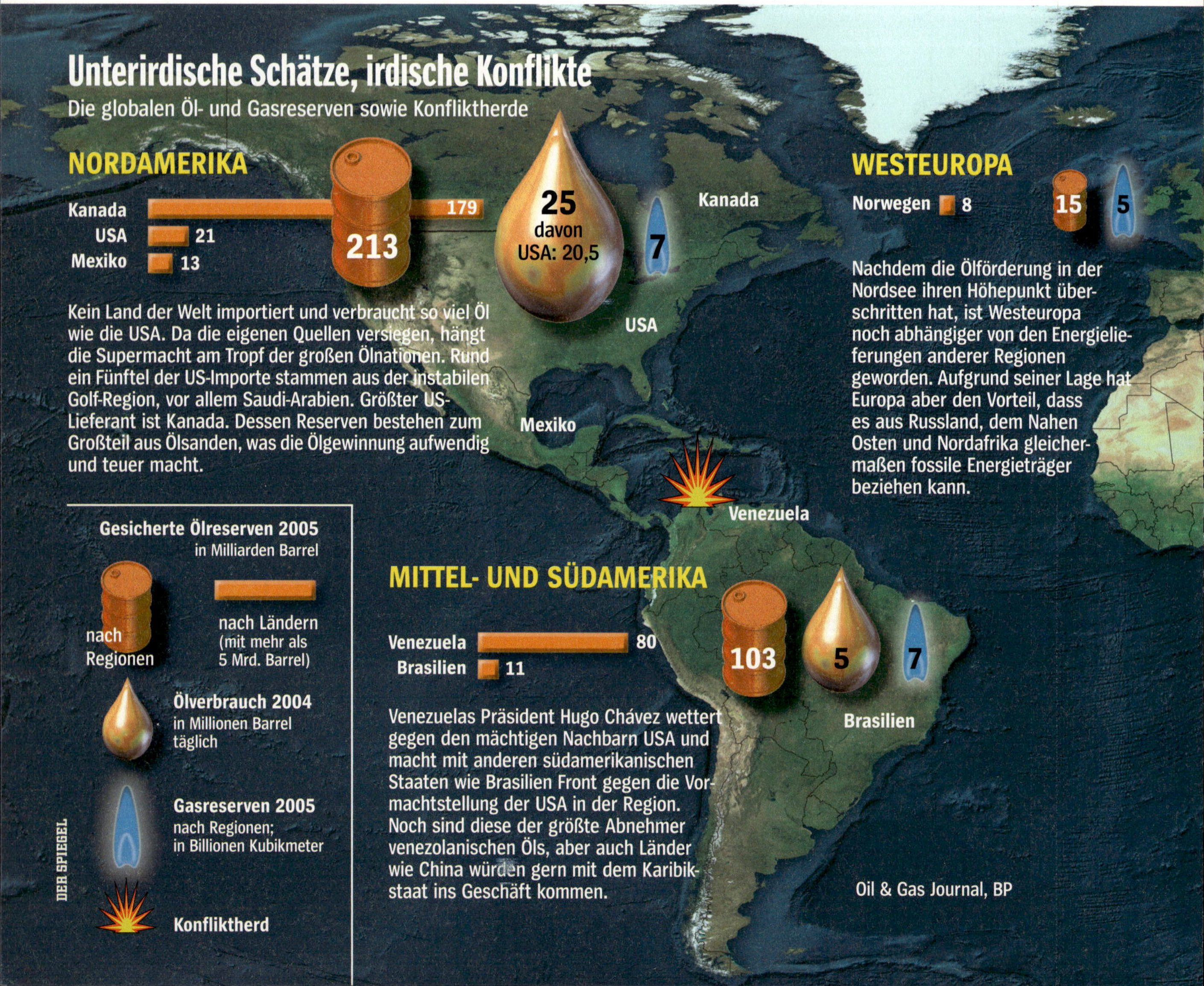

Solange die Felder brennen, solange Shell- und Agip-Mitarbeiter als Geiseln gehalten und Plattformen mit Schnellbooten angegriffen werden, solange stockt der Export des schwarzen Goldes aus dem erdölreichsten schwarzafrikanischen Land – das ist einer der Gründe, weshalb weltweit die Preise so dramatisch steigen.

Kaukasisches Bergland, 70 Kilometer südwestlich der Stadt Wladikawkas, Republik Nordossetien, Russland: Merkwürdig verbogen, wie die Knetmasse eines wütend gewordenen Riesen, liegen die Rohre auf dem gefrorenen Boden. Saboteure haben Ende Januar die beiden Gasleitungen zerstört, die hier durch ein fast menschenleeres Gelände Richtung Georgien führen. Über eine Woche lang froren die Menschen im ohnehin schon energieknappen Georgien, abgeschnitten von ihrer wichtigsten Energiezufuhr. In der Hauptstadt brannte nachts kein Licht mehr, verzweifelte Menschen verheizten selbst ihre Möbel. Islamistische Rebellen seien an den Anschlägen schuld, behauptete Moskau; vom Kreml gesteuerte Saboteure hätten gebombt, klagte Präsident Micheil Saakaschwili und warf seinem Amtskollegen „Erpressung“ vor. Wladimir Putin will dem Land, das sich eng am Westen orientiert, nach Auffassung des Georgiers eine Lektion erteilen – und ihm seine Abhängigkeit vorführen.

Schon wieder also steht Russland am Pranger, kurz nachdem der Kreml die Ukraine durch Abdrehen des Erdgashahns in einen Deal genötigt hat. Damit stellen sich auch Fragen nach der Energiesicherheit der Europäischen Union, die in Sachen Gas am russischen Tropf hängt, Ungarn zu 85 Prozent, Deutschland immerhin zu über 40 Prozent – ein weiterer Grund, warum die Energiepreise sich ihrem Rekordniveau nähern.

Fatah, eine riesige Erdölraffinerie zwei Autostunden nordwestlich von Bagdad, Irak: Nach fast 20 größeren Attacken im vergangenen Jahr hatten

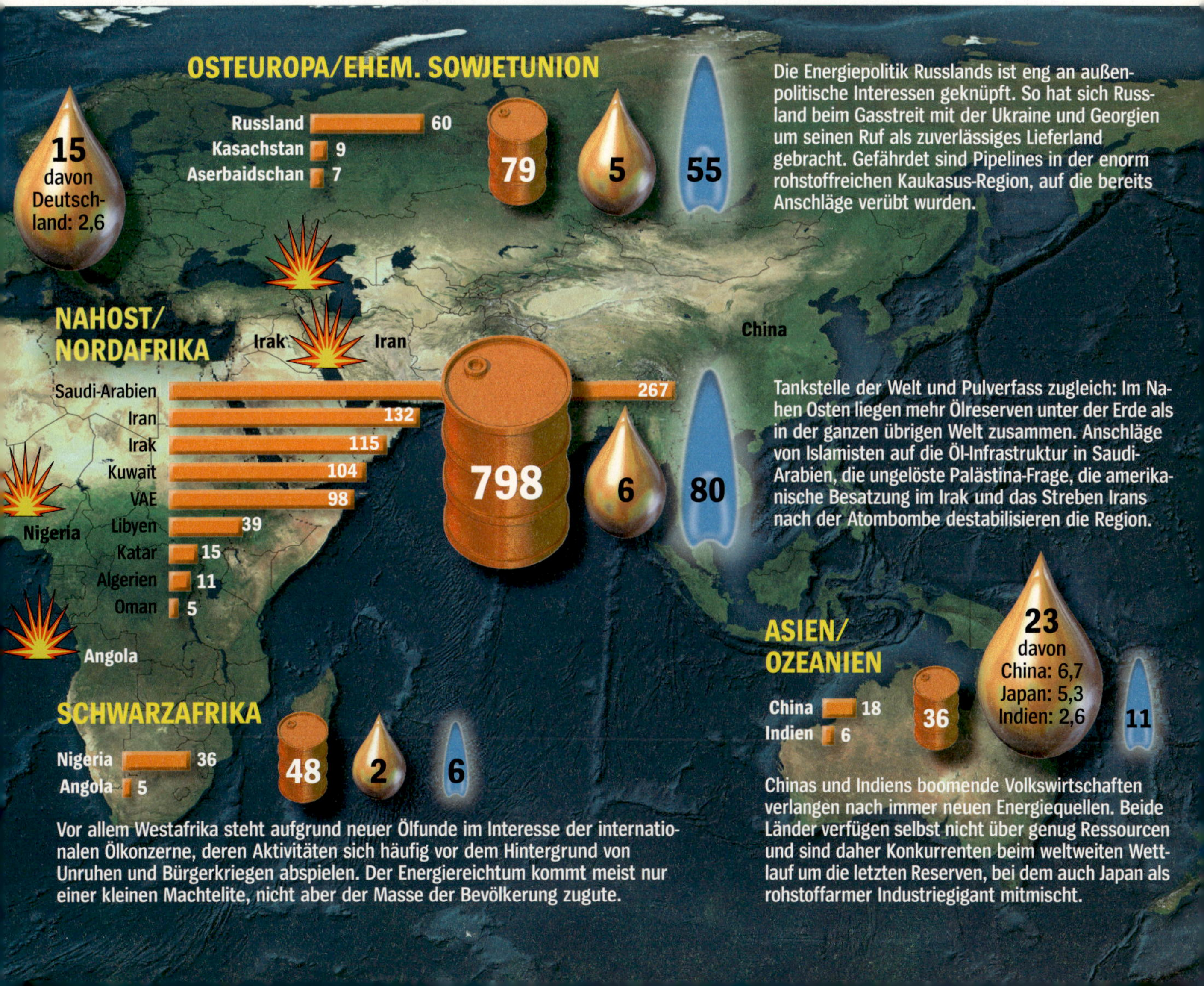

BRUNO BARBEY / MAGNUM / AGENTUR FOCUS

US-Marines in Kuwait, 1991: Sollen wir uns vor blutigen Verteilungskämpfen um die Ressourcen fürchten?

die Betreiber die größte Anlage zur Erdölproduktion des Landes im Dezember ganz dichtgemacht. Schon am dritten Tag nach der Wiedereröffnung des Beidschi-Komplexes im Januar greifen dann Aufständische einen Konvoi mit 60 Öllastwagen an und verwickeln die Wachmannschaften in ein stundenlanges Feuergefecht. Landesweit nehmen die Anschläge auf Öleinrichtungen und Pipelines weiter zu ...

Die USA wollten den Aufbau des Nachkriegs-Iraks aus sprudelnden Gewinnen der Erdölindustrie bezahlen. Aber obwohl die US-Truppen das Erdölministerium als eines von wenigen Gebäuden in Bagdad schützten, während sie ansonsten die Stadt im April 2003 den Plünderern anheimgaben, obwohl sie mit Millionen eine „Oil Protection Force" ausbildeten, kommt die irakische Energieindustrie nicht in Schwung. Die Exporte des Staates mit den viertgrößten Ölreserven der Welt (nach Saudi-Arabien, Kanada und fast gleichauf mit Iran) erreichen kaum noch zwei Drittel des Vorkriegsniveaus – auch das ein wichtiger Grund für die Nervosität der Märkte.

Und dann noch dieses unheimliche und unberechenbare Regime in Teheran: Iraks mächtiger Nachbar gilt manchen schon heute als der große Gewinner des Bush/Blair-Feldzugs zur „Demokratisierung des Nahen Ostens" (früherer Hauptkriegsgrund: „Beseitigung der Massenvernichtungswaffen"). Irans radikale Regierung hat großen Einfluss auf die zum Teil im iranischen Ghom ausgebildete schiitische Führungsschicht im Süden des Irak, wo riesige Erdöl- und Erdgasfelder liegen.

Teheran wird gegenwärtig – Krise um sein Atomprogramm hin oder her – von China, aber auch Indien als Rohstofflieferant heiß umworben. Peking hat im Herbst 2004 ein gigantisches Geschäft mit einem Gesamtvolumen von über 70 Milliarden Dollar mit der Islamischen Republik abgeschlossen; Delhi verhandelt in Teheran über eine strategische Pipeline. Von Russland abgesehen, hat kein Staat der Erde so große Gasvorräte wie Iran, und außerdem ist Teheran der viertgrößte Erdölexporteur der Welt. „Der Westen braucht uns mehr, als wir den Westen brauchen", sagt Präsident Mahmud Ahmadinedschad ...

Gerade jetzt, da das Ölzeitalter unwiderruflich seinem Ende entgegengeht, suchen besonders viele Menschen, vor allem in den Schwellenländern China und Indien, Anschluss an diese Ära. Sie wissen: Ohne Rohstoffzufuhr kommt ihr Wachstumsmotor unweigerlich ins Stottern. Erdöl ist ihr Überlebenselixier.

Aber bei jeder Hochrechnung auf die Zukunft gibt es große Unbekannte. CIA-Experten fürchten einen Anschlag auf die verwundbarste Stelle des internationalen Energiehandels – in Saudi-Arabien. Auch ohne ein solches Schreckensgemälde erwartet der amerikanische Energiefachmann Michael T. Klare eine „neue Landkarte globaler Konflikte", geprägt durch die Ressourcen-Knappheit ...

Alle großen Staaten haben heute erkannt: Erdöl und Erdgas sind von existenzieller strategischer Bedeutung. Sie sind der Treibstoff der kommenden Konflikte. Deshalb stecken die Mächtigen der Welt überall dort, wo überlebenswichtige Rohstoffreserven liegen, mit Waffengewalt oder aggressiver Diplomatie ihre Claims ab.

Auch westliche Politiker, die sich sonst gern als Verfechter von Menschenrechten und Vorkämpfer demokratischer Freiheiten geben, nehmen wenig Rücksicht darauf, mit wem sie Geschäfte machen. Erdöl- und Erdgasfunde rücken neue internationale Brennpunkte wie Westafrika, den Sudan, Venezuela oder etwa die Region ums Kaspische Meer ins Blickfeld. Sie spülen auch ungewöhnliche, bisher unbekannte Polit-Stars auf die internationale Bühne – nicht alles Lichtgestalten, vorsichtig formuliert ...

Am aggressivsten kämpft derzeit zweifellos Peking weltweit um Ressourcen – und zeigt dabei noch weniger Skrupel als der Westen. Die regierenden chinesischen Kommunisten dealen ohne irgendwelche ideologischen Vorbehalte mit afrikanischen Diktatoren vom rechten Spektrum wie mit radikal-islamischen Mullahs im Mittleren Osten und obskuren Linkspopulisten in Lateinamerika. Lange Zeit war die Volksrepublik Erdölexporteur, in den späten fünfziger Jahren sogar der größte in ganz Asien ...

Noch bis Anfang der neunziger Jahre war das Reich der Mitte in seiner Energieversorgung autark. Doch durch Deng Xiaopings Reformen, die nach und nach mehr Privatinitiative in der Wirtschaft zuließen und später in eine Art Manchesterkapitalismus mündeten, explodierte die ökonomische Entwicklung. Immer mehr Autos, Klimaanlagen und Fabrikanlagen machten den chinesischen Drachen zum Nimmersatt, der Öl, Gas und Kohle wie ein Süchtiger in sich hineinschaufelte – und der jetzt immer noch mehr verlangt.

Die Produzenten des Wirtschaftswunders in der Industrie wie die Konsumenten benötigen die Droge dringend. Im Jahr 2004 war die Volksrepublik allein für 36 Prozent des weltweiten Wachstums des Erdölverbrauchs verantwortlich. Bereits 2002 hatte China schon Japan als zweitgrößten Ölverbraucher abgelöst und wurde nur noch von den USA übertroffen. Es gibt aktuelle Schätzungen, dass sich die Zahl der chinesischen Pkw, Motorräder und Mopeds in den nächsten 15 Jahren verfünffachen wird – und der Energieverbrauch in dieser Zeit dementsprechend auch ...

Peking verhindert seit Monaten scharfe Uno-Sanktionen gegen den Sudan, obwohl das Regime von Khartum in der Region von Darfur Milizen zum systematischen Mord an Tausenden aufhetzt. Die einfache Erklärung für Pekings Verhalten: Die Chinesen beuten mit Rückendeckung des islamistischen Regimes die Erdölquellen im Süden des größten afrikanischen Flächenstaats aus. Sie haben dort sogar ihre eigenen Sicherheitskräfte stationiert. Schon knapp fünf Prozent des Öls, das China importiert, stammen aus dem Sudan.

Noch wesentlich mehr liefert Iran mit seinem Präsidenten, der die ganze Welt provoziert: über 13 Prozent. Nach dem kürzlich abgeschlossenen Deal, der auf 30 Jahre angelegt ist, dürfte sich Chinas Abhängigkeit von dem Mullah-Staat noch wesentlich erhöhen. Und umgekehrt: Das staatliche Pekinger Unternehmen Sinopec plant, sich an der Erschließung des riesigen iranischen Yadavaran-Gasfeldes zu beteiligen.

Die KP-Bosse wollen nicht, dass Iran Atombomben baut; aber noch weniger wollen sie, dass ihr Partner wirtschaftlich entscheidend geschwächt wird. Nur unverbesserliche Optimisten können daher hoffen, dass China als eines der fünf ständigen Sicherheitsratsmitglieder seine Geschäftsfreunde brüskiert und eine vom Westen forcierte Isolierung durch Sanktionen mitträgt. Sollte es zu einer solchen Resolution kommen, ist ein Veto der Chinesen höchst wahrscheinlich.

Washington und Peking scheinen auf Kollisionskurs – zwei Riesentanker, die mit voller Kraft aufeinanderzufahren, ohne dass einer die Richtung oder auch nur die Geschwindigkeit ändern will. Das Weiße Haus ist empört, weil Peking dem aggressiven Präsidenten Ahmadinedschad weiter beim Aufbau einer Raketenproduktion hilft. Die chinesische Führung spricht von einem völlig legalen Business zwischen zwei unabhängigen Staaten und ist hochgradig verärgert, dass die US-Regierung wegen der Iran-Geschäfte im Dezember gegen sechs ihrer Staatsfirmen Sanktionen verhängt

MARKUS MATZEL / DAS FOTOARCHIV

Shell-Förderanlage in Nigeria: Erdöl- und Erdgasfunde rücken neue internationale Brennpunkte ins Blickfeld

RICHARD JONES / SINOPIX / LAIF

Boom-Stadt Shanghai: Durch Chinas Reformen explodierte die ökonomische Entwicklung

hat. Unter den Abgestraften war Catic, einer der größten Waffenproduzenten des Landes …

Beim Aufstieg und Fall von Nationen wird es in den nächsten Jahren gravierende Verschiebungen geben. Die USA dürften nicht zu den Gewinnern der kommenden Rohstoffkonflikte gehören. Trotz zahlreicher Unsicherheitsfaktoren lassen sich Trends erkennen:

China hat trotz der weitsichtigen – und mit aller Härte durchgesetzten – Energieplanung große Probleme, sich ausreichend Ressourcen zu sichern. Ob das viel zitierte, weltweit von Peking geprägte „chinesische Jahrhundert" kommen wird, ist allein schon aus diesem Grund unsicher. Ähnliches gilt für den aufstrebenden Rivalen Indien – und für Japan, das 80 Prozent seiner Ressourcen importieren muss.

Die Europäische Union wird sich durch das schwindende Nordsee-Öl in den nächsten Jahrzehnten vermehrt Gedanken über ihre Energiesicherheit machen müssen – und könnte doch zu den weltweiten Aufsteigern gehören. Die EU hat mit einer koordinierten Politik alle Möglichkeiten, sich von ihrer derzeitigen Abhängigkeit zu lösen und Russland nur noch als einen – wenngleich großen – Erdgaslieferanten zu nutzen. Die Nähe zu nordafrikanischen Feldern (Algerien, Libyen) wie zu denen am Persischen Golf hilft Europa.

Russland müsste bei seinem Energiereichtum zu den weltweiten Aufsteigern der Zukunft gehören – so es denn seine internen Probleme, die Korruption, die soziale Frage, in den Griff bekommt.

Brasilien hat alle Voraussetzungen für eine unbeschwerte Energiezukunft. Aus riesigen Zuckerrohrplantagen gewinnt der südamerikanische Staat große Mengen Ethanol, hat darüber hinaus noch so viele fossile Ressourcen, dass Importe überflüssig sind. Einige tausend Kilometer weiter nördlich, in Schweden, plant man durch Biosprit aus Weizen und Holz ebenfalls die Energieautonomie – um bis 2020 komplett ohne Erdöl auszukommen.

Beim Aufstieg der kleineren Staaten wird „Good Governance" eine Rolle spielen, die faire Verteilung der Reichtümer durch eine ordentliche Regierung. Das extrem rohstoffreiche Libyen, um dessen Gunst sich gegenwärtig alle reißen, hätte die Chance zum Aufstieg – wenn Oberst Muammar al-Gaddafi wirklich etwas für sein Sechs-Millionen-Volk tut. Staaten wie Kasachstan in Zentralasien oder das westafrikanische Angola verfügen über riesige Erdöl- oder Erdgasreserven; ihrer Bevölkerung – jeweils rund 15 Millionen – könnten die politischen Führer einen hohen Lebensstandard ermöglichen. Noch extremer gilt das für das Emirat Katar. Der winzige Staat in Nahost mit seinen 860 000 Einwohnern hat neben reichlich Erdöl auch die drittgrößten Erdgasreserven der Welt.

Für die meisten Menschen in den rohstoffreichen Ländern brachten die Bodenschätze in der Vergangenheit allerdings wenig Segen. Im korrupten Nigeria, Algerien und Gabun etwa ist der Lebensstandard für die breite Masse der Bevölkerung zurückgegangen: Experten sprechen von einem „Rohstofffluch".

Dass es auch anders geht, zeigt Norwegen. Aber der skandinavische Staat hat traditionelle demokratische Strukturen. Viel entscheidender für die Zukunft der Menschheit und ihre Energiesicherheit wird sein, was in der Weltgegend passiert, in der über die Hälfte aller Erdöl- und 40 Prozent Erdgasreserven liegen: in Saudi-Arabien und am Persischen Golf …

Erich Follath: Der Treibstoff des Krieges. DER SPIEGEL, 13/2006, S. 76

ERICH FOLLATH, Jahrgang 1949, ist Autor im Ausland-Ressort des SPIEGEL.

MICHAEL STABENOW

Barroso fordert engere Energiekooperation

... OFFENBAR UNTER ANSPIELUNG auf die Zurückhaltung Berlins und anderer EU-Partner, die Anfang der Woche bei einem Treffen der Wirtschaftsminister in Brüssel Bedenken zu den jüngsten energiepolitischen Vorschlägen der Kommission geäußert hatten, hieß es in einem am Freitag veröffentlichten Schreiben Barrosos an den österreichischen Bundeskanzler und amtierenden EU-Ratsvorsitzenden Schüssel und die übrigen Staats- und Regierungschefs: „Es wäre unverantwortlich, so zu tun, als sei der Status quo ausreichend. Energie ist ein globales Problem, das eine europäische Antwort erfordert."

Hintergrund des Aufrufs Barrosos ist nicht nur die Skepsis mehrerer Partner gegen erweiterte Zuständigkeiten der EU-Partner in der Energiepolitik, wie sie der gegenwärtig blockierte europäische Verfassungsvertrag vorsieht; in der Kommission werden auch protektionistische Reflexe von Mitgliedstaaten beklagt, wie sich derzeit zum Beispiel im Fall der geplanten Übernahme des spanischen Energieversorgers Endesa durch den deutschen Konzern E.on zeigen.

STEINMEIER: „WIR BRAUCHEN EUROPA"

Barroso, der sich am Freitag zu Gesprächen mit dem russischen Präsidenten Putin in Moskau aufhielt, setzt auch auf eine engere Zusammenarbeit mit Lieferanten von Energieprodukten. Schon vor seinem Abflug nach Moskau hatte er zu verstehen gegeben, daß er von Rußland eine rasche Ratifizierung der Internationalen Energiecharta erwarte. Das schon 1994 ausgehandelte und unterschriebene Dokument soll insbesondere dafür sorgen, daß Lieferungen von Gas oder Öl nicht willkürlich unterbrochen sowie ausländische Investoren in der Energiewirtschaft ausreichend geschützt werden.

Außenminister Steinmeier hob unterdessen den energie- und wirtschaftspolitischen Gleichklang der Vorhaben der großen Koalition mit den Absichten der EU hervor. Steinmeier sagte in einer Regierungserklärung vor dem Bundestag, vom Treffen des Europäischen Rats in einer Woche in Brüssel müsse die Botschaft ausgehen: „Wir brauchen Europa, um die Globalisierung politisch gestalten zu können." Europa dürfe in den Mitgliedsländern nicht als „Globalisierungsverstärker" empfunden werden, sondern die „europäische Antwort auf die weltpolitischen Veränderungen" sein.

Die Handlungsfelder, die sich der Europäische Rat vorgenommen habe, um die Wirtschafts- und Innovationskraft Europas gemäß der „Lissabon-Strategie" zu steigern, entsprächen jenen Kernvorhaben, die auch die große Koalition verfolge. Dazu zählten höhere Ausgaben für Forschung und Entwicklung, die Verminderung bürokratischer Hemmnisse für Unternehmen, die Beschäftigungsförderung sowie die Verfügbarkeit von Energie.

POLNISCHE REGIERUNG: „ENERGIE-NATO"

Steinmeier sagte, die bisherigen Vorarbeiten für ein europäisches Energiekonzept entsprächen den Vorstellungen der Bundesregierung; es sollten die Aspekte der Ressourcensicherung, der Wettbewerbsfähigkeit und der umweltschonenden Erzeugung gleichermaßen beachtet werden ...

Er wandte sich abermals gegen einen internationalen „Zusammenschluß der Habenichtse" auf dem Energiesektor. Die polnische Regierung hatte sich für eine „Energie-Nato" ausgesprochen. Steinmeier sagte, „nur ein integrativer Ansatz" zwischen Produzenten, Transferländern und Konsumenten, die einen „intensiven Dialog" zu führen hätten, könne erfolgreich sein.

Angesichts steigender Ölpreise hatten sich die Energieminister der acht führenden Industriestaaten (G 8) am Donnerstag für einen Ausbau der Atomenergie ausgesprochen. Fossile Brennstoffe würden zwar mindestens in der ersten Hälfte des 21. Jahrhunderts noch die Grundlage für die Energieindustrie darstellen, teilten sie auf einer Konferenz in Moskau mit. Um Risiken bei der Versorgung zu minimieren, sei jedoch eine breite Streuung von Energiequellen, Anbietern und Liefermethoden notwendig.

„WIEDERGEBURT" DER KERNKRAFT

Die Minister hofften auf eine „Wiedergeburt" der Kernkraft, die offenbar schon jetzt in verschiedenen Teilen der Welt stattfinde, sagte der amerikanische Energieminister Samuel Bodman.

AP
EU-Kommissionspräsident José Manuel Barroso

DIE LISSABON-STRATEGIE

ist ein Programm, das auf einem Sondergipfel der europäischen Staats- und Regierungschefs im März 2000 in Lissabon verabschiedet wurde. Das Ziel besteht darin, die EU bis 2010 zum wettbewerbsfähigsten und dynamischsten Wirtschaftsraum der Welt zu machen.

MICHAEL STABENOW, Jahrgang 1955, arbeitet als Wirtschaftskorrespondent in Brüssel für die „Frankfurter Allgemeine Zeitung".

Eine sichere Kernenergie könne entscheidend für eine langfristig umweltfreundliche Streuung der Energieversorgung sein, hieß es in einer gemeinsamen Erklärung, die vom russischen Industrie- und Energieministerium veröffentlicht wurde.

Zudem forderten die G-8-Minister umfassende Investitionen in die Energiewirtschaft. Nach den Worten des russischen Energieministers Viktor Christenko sind bis zum Jahr 2030 14 Billionen Euro nötig, um ein krisenfestes, „effektives weltweites Energiesystem zu schaffen". Erreicht werden solle dies außerdem durch eine stabile Gesetzgebung, ein eindeutiges Steuersystem und flexible Verwaltung ... ●

Michael Stabenow: Barroso fordert engere Energiepolitik. „Frankfurter Allgemeine Zeitung", 18. März 2006, S. 1

NIKOLAUS PIPER

Fluch des Öls

ROHSTOFFE BEDEUTEN HEUTE unermesslichen Reichtum. Und doch sind viele rohstoffreiche Länder bettelarm: Nigeria, Kongo, Bolivien sind nur die krassesten Beispiele. Der Widerspruch beschäftigt Entwicklungstheoretiker und -politiker seit langem. Daran sind die Konzerne schuld, sagen viele Dritte-Welt-Gruppen. Doch der Schluss ist zumindest voreilig. Natürlich gibt es unverantwortliche Manager und kurzsichtige Entscheidungen – als Ursachenerklärung reicht das aber nicht aus. Die Multis mögen die Probleme verschärfen, deren Wurzeln liegen aber in den betroffenen Ländern selbst.

AP

Bolivianische Soldaten vor einer brasilianischen Ölraffinerie: Präsident Evo Morales droht ausländischen Konzernen mit Enteignung

Rohstoffen scheint ein besonderer Fluch innezuwohnen, sie üben auf Politiker Fehlanreize aus. Der Abbau nicht erneuerbarer Ressourcen ist seiner Natur nach ausbeuterisch und nicht nachhaltig. Irgendwann sind Öl, Gas, Kupfer und Platin weg; die Versuchung ist groß, diese Tatsache zu verdrängen, die industrielle Entwicklung zu vernachlässigen und den Reichtum einfach zu verjubeln. Zudem sind für den Abbau von Rohstoffen meist staatliche Lizenzen notwendig, was oft ein fruchtbares Feld für Korruption in allen Graden ist.

Wie dieser Fluch wirkt, lässt sich in diesen Tagen in Lateinamerika beobachten. Die Organisation der Ölförderländer Opec tagt diese Woche in Caracas als Gast des autokratischen Präsidenten Hugo Chávez. Außergewöhnliche Beschlüsse sind nicht zu erwarten, aber Chávez wird bei der Gelegenheit für seinen Kurs werben: ausländische Konzerne schurigeln, die Amerikaner provozieren, Gewinne abschöpfen. Der hohe Ölpreis kommt Chávez zugute; er nutzt das Geld, für die Festigung seiner Macht, für Sozialprogramme und Geschenke an Fidel Castro und andere Freunde. Und Chávez hat Bewunderer. Boliviens Präsident Evo Morales enteignet die internationalen Gasfördergesellschaften, Ecuador geht in dieselbe Richtung.

Das Ergebnis dieser Politik ist auf bedrückende Weise vorhersehbar. Die politischen Eskapaden halten den Ölpreis hoch; das trifft die Industrieländer, aber nur in engen Grenzen. Die eigentlich Leidtragenden werden Venezuela, Bolivien und die anderen Förderländer sein: Die Gewinne gehen in den – privaten und staatlichen – Konsum, sie schaffen eine Illusion von dauerhaftem Reichtum. Gleichzeitig unterbleiben die notwendigen Investitionen in den Ausbau und Unterhalt der Förderanlagen, der Kapitalstock veraltet, die Förderung sinkt. Aber weil diese Entwicklung immer verzögert auftritt, haben Populisten wie Chávez immer wieder ihre Chance. Und der Widerspruch von Rohstoffreichtum und Armut bleibt ungelöst.

Nikolaus Piper: Fluch des Öls. „Süddeutsche Zeitung", 1. Juni 2006, S. 19

NIKOLAUS PIPER, Jahrgang 1952, ist Redakteur im Wirtschaftsressort der „Süddeutschen Zeitung".

KOMMISSION DER EUROPÄISCHEN GEMEINSCHAFTEN

Grünbuch

1. WETTBEWERBSFÄHIGHEIT UND ENERGIEBINNENMARKT: Besteht Einigkeit hinsichtlich der grundlegenden Bedeutung eines wirklichen Binnenmarkts zur Unterstützung einer gemeinsamen europäischen Energiestrategie? Wie können Hindernisse beseitigt werden, die der Durchführung geltender Maßnahmen entgegenstehen? Welche neuen Maßnahmen sollten ergriffen werden, um dieses Ziel zu erreichen? Wie kann die EU Anreize für die umfangreichen Investitionen schaffen, die im Energiesektor erforderlich sind? Wie ist sicherzustellen, dass alle Europäer Zugang zu Energie zu angemessenen Preisen haben und der Energiebinnenmarkt zur Aufrechterhaltung des Beschäftigungsniveaus beiträgt?

2. DIVERSIFIZIERUNG DES ENERGIETRÄGERMIX: Was sollte die EU tun, um sicherzustellen, dass Europa als Ganzes eine klimafreundliche Energiediversifizierung fördert?

3. SOLIDARITÄT: Welche Maßnahmen müssen auf Gemeinschaftsebene ergriffen werden, um Energieversorgungskrisen zu verhindern und um sie zu beherrschen, falls sie dennoch eintreten?

4. NACHHALTIGE ENTWICKLUNG: Wie kann eine gemeinsame europäische Energiestrategie am besten dem Klimaschutz Rechnung tragen und die Ziele Umweltschutz, Wettbewerbsfähigkeit und Versorgungssicherheit miteinander vereinbaren? Welche weiteren Maßnahmen sind auf Gemeinschaftsebene nötig, um geltende Ziele zu erreichen? Sind weitere Ziele angebracht? Auf welche Weise sollten wir einen längerfristig sicheren und vorhersehbaren Investitionsrahmen für den Ausbau sauberer und erneuerbarer Energien in der EU bereitstellen?

5. INNOVATION UND TECHNOLOGIE: Welche Maßnahmen sollten sowohl auf Gemeinschaftsebene als auch auf einzelstaatlicher Ebene ergriffen werden, um sicherzustellen, dass Europa bei Energietechnologien weltweit führend bleibt? Mit welchen Instrumenten kann dies am besten erreicht werden?

6. AUSSENPOLITIK: Sollte es eine gemeinsame Energieaußenpolitik geben, damit die EU mit einer Stimme sprechen kann? Wie können die Gemeinschaft und die Mitgliedstaaten die Versorgungsvielfalt, besonders beim Erdgas, fördern? Sollte die EU neue Partnerschaften mit ihren Nachbarn, einschließlich Russland, und mit den anderen Haupterzeuger- und -verbraucherländern der Welt schließen? Die Entwicklung einer europäischen Energiepolitik wird eine langfristige Aufgabe sein.

SCHLUSSFOLGERUNGEN

... Um die Debatte voranzubringen, muss unbedingt in integrierter Weise gehandelt werden. Jeder Mitgliedstaat wird Entscheidungen aufgrund eigener nationaler Präferenzen treffen. In einer Welt gegenseitiger Abhängigkeiten hat die Energiepolitik jedoch notwendigerweise eine europäische Dimension. Die europäische Energiepolitik sollte daher drei Hauptziele verfolgen:

- Nachhaltigkeit: (I) Entwicklung wettbewerbsfähiger erneuerbarer Energiequellen und anderer Energiequellen und Energieträger mit niedrigem CO_2-Ausstoß, vor allem alternativer Kraftstoffe, (II) Begrenzung der Energienachfrage in Europa und (III) führende Rolle bei den weltweiten Anstrengungen zur Eindämmung des Klimawandels und zur Verbesserung der örtlichen Luftqualität.
- Wettbewerbsfähigkeit: (I) Sicherstellen, dass die Energiemarktöffnung den Verbrauchern und der Wirtschaft insgesamt Vorteile bringt und gleichzeitig Förderung von Investitionen in die umweltfreundliche Energieerzeugung und in Energieeffizienz, (II) Begrenzung der Auswirkungen höherer internationaler Energiepreise auf Wirtschaft und Bürger in der EU und (III) Beibehaltung der europäischen Führungsposition im Bereich der Energietechnologien.
- Versorgungssicherheit: Lösungen für die steigende Abhängigkeit der EU von Energieimporten durch (I) einen integrierten Ansatz – Verringerung der Nachfrage, Diversifizierung des Energieträgermixes in der EU durch eine vermehrte Nutzung wettbewerbsfähiger einheimischer und erneuerbarer Energien und Diversifizierung der Energieeinfuhrquellen und der -importwege, (II) die Schaffung eines Rahmens, der angemessene Investitionen zur Bewältigung der wachsenden Energienachfrage fördert, (III) eine bessere Ausstattung der EU mit Mitteln für die Bewältigung von Notfällen, (IV) die Verbesserung der Bedingungen für europäische Unternehmen, die Zugang zu globalen Ressourcen haben wollen und (V) die Gewährleistung, dass alle Bürger und Unternehmen Zugang zu Energie haben ...

Kommission der europäischen Gemeinschaften: Grünbuch, „Eine europäische Strategie für nachhaltige, wettbewerbsfähige und sichere Energie". KOM(2006)105 endgültig, Brüssel, 8. März 2006

IM GRÜNBUCH der Kommission der europäischen Gemeinschaften werden sechs zentrale Bereiche aufgezeigt, in denen Maßnahmen erforderlich sind, um den Herausforderungen, mit denen wir konfrontiert sind, zu begegnen. Die grundlegendste Frage ist die, ob Einvernehmen darüber herrscht, dass eine neue, gemeinsame europäische Energiestrategie entwickelt werden muss, und ob Nachhaltigkeit, Wettbewerbsfähigkeit und Sicherheit die zentralen Prinzipien sein sollten, die dieser Strategie zugrunde liegen.

MATTHIAS MÜLLER

Noch härtere Emissionsregeln

DIE DEUTSCHEN ENERGIEVERSORGER und Industrieunternehmen müssen von 2008 bis 2012 ihren Kohlendioxyd-Ausstoß deutlich stärker reduzieren als in der ersten Periode, die von 2005 bis 2007 läuft. Das geht aus dem am Mittwoch vom Bundeskabinett beschlossenen Nationalen Allokationsplan (NAP) II hervor. Danach müssen die am Emissionshandel beteiligten Unternehmen ihren Kohlendioxyd-Ausstoß zwischen 2008 und 2012 um 15 Millionen Tonnen jährlich gegenüber dem Durchschnitt der Jahre 2000 bis 2002 reduzieren. In der noch bis 2007 laufenden ersten Handelsrunde sind es bisher nur zwei Millionen Tonnen jährlich …

Der Emissionshandel geht auf das Kyoto-Protokoll von 1997 zurück, in dem 39 Staaten vereinbart haben, ihre Treibhausgasemissionen bis 2012 um fünf Prozent gegenüber 1990 zu senken. Das Kyoto-Protokoll wird dabei als ein erster Schritt angesehen, um die Erderwärmung zu begrenzen und der vielen Wetterkatastrophen Herr zu werden. Nach der Ratifizierung durch Rußland ist das Kyoto-Protokoll am 16. Februar 2005 in Kraft getreten. Amerika und Australien haben die Vereinbarung nicht unterzeichnet.

Mit dem internationalen Abkommen wird der Tatsache Rechnung getragen, daß die Luftströmungen die Treibhausgase in der Atmosphäre verteilen. Nationaler Umweltpolitik sind daher enge Grenzen gesetzt, die Erderwärmung und Wetterkatastrophen einzudämmen. Für den Klimaschutz ist entscheidend, daß die absolute Konzentration an Treibhausgasen vermindert wird, und nicht, in welcher Region der Erde die Minderung erzielt wird.

In einem ersten Schritt sind im Kyoto-Protokoll verbindliche Ziele bestimmt worden, wie hoch der Ausstoß der Treibhausgase 2012 sein soll. Dabei hat sich die Europäische Union (EU) im Kyoto-Protokoll verpflichtet, ihre Treibhausgasemissionen bis 2012 um acht Prozent gegenüber 1990 zu senken. Das entspricht einer Verminderung um 350 Millionen Tonnen Kohlendioxyd in der Europäischen Union. Die Mitgliedstaaten der EU haben 1998 in einem Lastenteilungsabkommen festgelegt, wie hoch der Anteil der einzelnen Länder am Kohlendioxyd-Ausstoß ausfallen soll.

Deutschland hat sich dabei verpflichtet, die Kohlendioxyd-Emissionen bis 2012 gegenüber 1990 um 21 Prozent zu senken, und übernimmt damit in der EU eine Vorreiterrolle …

Nach der Festlegung der Emissionsmenge erhielten die beteiligten Unternehmen für den Zeitraum von 2005 bis 2007 Emissionsberechtigungen, die sogenannten Zertifikate, kostenlos zugeteilt. Die Unternehmen erhalten damit das Recht, in Höhe der ihnen zugeteilten Zertifikate Kohlendioxyd auszustoßen und die Umwelt zu verschmutzen. Sie können Kohlendioxyd also nur emittieren, wenn sie dafür die erforderlichen Zertifikate besitzen. Für die erste Zuteilungsperiode galt eine Obergrenze von jährlich 499 Millionen Tonnen Kohlendioxyd. Nun erhalten die Unternehmen in der zweiten Zuteilungsperiode Zertifikate, die einen Ausstoß von 482 Millionen Tonnen Kohlendioxyd je Jahr erlauben.

Durch die Minderung des erlaubten Ausstoßes entsteht nun für die Unternehmen eine Knappheitssituation. Sie erhalten weniger Emissionsberechtigungen, als sie bei unverändertem Emissionsverhalten eigentlich benötigten. Die Lücke an erlaubtem Kohlendioxyd-Ausstoß muß entweder durch eigene Minderungsmaßnahmen, etwa durch den Einbau von Filtern, oder den Zukauf von Zertifikaten ausgeglichen werden. Auf diese Weise entsteht ein Markt für Zertifikate; Kohlendioxyd erhält damit einen Preis: Die Unternehmen, deren Kosten bei der Verringerung des Kohlendioxyd-Ausstoßes geringer sind als die Zertifikatspreise, können ihre Emissionsberechtigungen verkaufen und damit Einnahmen erzielen. Sind dagegen die eigenen Minderungsmaßnahmen teurer als der Marktpreis für Zertifikate, werden die Unternehmen Emissionsberechtigungen kaufen, um bei der Produktion zusätzlich Kohlendioxyd ausstoßen zu dürfen …

Matthias Müller: Noch härtere Emissionsregeln. „Frankfurter Allgemeine Zeitung", 29. Juni 2006, S. 1

MATTHIAS MÜLLER, Jahrgang 1969, ist Wirtschaftskorrespondent für die „Frankfurter Allgemeine Zeitung" in Berlin.

DANIEL LINGENHÖHL

Nur heiße Luft?

EBEN JENES KYOTO-REGELWERK wurde in Montreal verbessert sowie Punkte wie Emissionshandel und Technologietransfer in ärmere Länder offiziell anerkannt und damit auf eine völkerrechtlich sichere Basis gestellt. Die teilnehmenden Staaten müssen selbstredend weiterhin die vorgegebenen Schadstoffmengen einhalten und entsprechende Ziele erreichen. Ansonsten drohen – und das ist ebenfalls neu – nicht näher spezifizierte Sanktionen. Ebenfalls beachtlich ist der Wille der Kyoto-Staaten, sich schon bis 2008 auf neue, noch weiter reichende Einschnitte beim Treibhausgasausstoß zu einigen. Damit soll auch nach Ablauf des Kyoto-Protokolls 2012 der Klimaschutzprozess nahtlos fortgesetzt werden.

Kyoto und die Folgen: Ab 2008 dürfen deutsche Unternehmen statt

Schwellenländer wie Brasilien, China und Indien – die rasch beim Energieverbrauch aufholen – sind dazu aufgefordert, eigene Beiträge zum Klimaschutz einzubringen. Zur Eindämmung ihrer ausufernden Emissionsfracht wurden sie allerdings noch nicht aufgerufen, obwohl etwa China nach den USA mittlerweile Platz zwei bei der Kohlendioxid-Produktion einnimmt.

Interessant ist zudem ein Vorschlag von Ländern um Costa Rica und Papua-Neuguinea, die sich den Erhalt ihrer teils noch sehr großen Wälder im Rahmen des Klimaschutzes anrechnen oder von den reichen Staaten bezahlen lassen wollen … Bis Ende März 2006 soll dieser Antrag geprüft und bewertet werden.

Doch reicht dieses Potpourri an Absichtserklärungen und kleineren Maßnahmen überhaupt aus, um wenigstens kleine sichtbare Erfolge zu erzielen? Wohl sicherlich nicht: Zu weit sind selbst viele Staaten der Europäischen Union – etwa Österreich, Spanien oder Frankreich – von ihren Kyoto-Zielen entfernt, und die EU ist im Vergleich zum Rest der Welt auf diesem Gebiet ein Musterknabe. Auch in Deutschland wird der Klimaschutz immer noch und immer wieder von führenden Verbandsvertretern der deutschen Industrie angegriffen, die sich lieber an den USA orientieren würden und für die Klimaschutz einzig ein Wettbewerbsnachteil ist …

In der Regierung Bush wird es sicherlich zu keinem Umdenken mehr kommen, zu eng scheinen hier auch die politischen und wirtschaftlichen Interessen miteinander verquickt – der Name von Außenministerin Condoleezza Rice ziert einen Öltanker, Vize-Präsident Dick Cheney saß lange im Aufsichtsrat des Ölindustrie-Ausrüsters Halliburton, Präsident George W. Bush war selbst im Ölbusiness tätig, und ihre größten Wahlkampf-Finanziers kommen aus der Öl- und Bergbaubranche.

Hoffnung muss man hier wohl einzig auf den möglichen Nachfolger im Jahr 2009 setzen. Oder darauf, dass Druck von unten kommt: Auch im Angesicht der Hurrikan-Katastrophe von New Orleans sind einzelne amerikanische Bürgermeister und sogar Bundesstaaten bereit, mehr für den Klimaschutz zu tun. So wollen Kalifornien und neun Staaten im Nordosten bald einen ähnlichen Emissionshandel einführen wie die EU und sich diesem System womöglich in der Zukunft anschließen …

Langfristig (führt) kein Weg an einer mindestens 60-prozentigen Reduzierung der Treibhausgasemissionen im Vergleich zu 1990 vorbei – weltweit!

Scheitert dieses Unterfangen aber – etwa wenn auch die EU in ihrer Vorreiterrolle versagt –, stehen der Erde und ihren Bewohnern stürmische Zeiten bevor. Da ist sich die Wissenschaft weitestgehend einig. Es kann sich also keiner herausreden, er hätte von nichts gewusst.

Daniel Lingenhöhl: Nur heiße Luft?
www.spektrumdirekt.de (12. Dezember 2005)

DANIEL LINGENHÖHL, Jahrgang 1974, ist promovierter Geograf und arbeitet als freier Wissenschaftsjournalist in Heidelberg.

ANREGUNGEN FÜR DEN UNTERRICHT

1. *Beobachten Sie die Entwicklung der Europäischen Gemeinschaften in Bezug auf die im Grünbuch genannten Prioritäten für gemeinsames Handeln. Wobei macht die europäische Energiepolitik die größten Fortschritte? Was läuft dagegen nur langsam an? Bei welchen Fragen kollidieren nationale Interessen mit der Politik der Gemeinschaft?*

2. *Entwickeln Sie Szenarien, die den Prozess der Veränderung, hin zu einer effizienteren Energienutzung, innerhalb eines Betriebes veranschaulichen.*

3. *Wählen Sie einen der Energiekonflikte aus, und versuchen Sie möglichst viele der Faktoren zusammenzutragen, die in diesem Konflikt eine Rolle spielen. Welche Auswege sind Ihrer Meinung nach denkbar, diesen Konflikt beizulegen?*

4. *Stellen Sie ein Modell zusammen, wie Ihrer Meinung nach eine engere Energiekooperation der Europäischen Union aussehen kann. Welche Rolle spielen dabei Verträge und Abkommen mit Lieferländern, und welchen Stellenwert haben erneuerbare Energien?*

5. *Welche Rolle nimmt Deutschland im europäischen Energiekonzept ein? Welche Faktoren könnten verändert werden, um die deutsche Politik im Sinne der europäischen Energiepolitik erfolgreicher zu machen?*

IV. Zukunfts

Im Statusbericht **„Energieversorgung für Deutschland“** des Bundeswirtschafts- und des Bundesumweltministeriums werden die augenblickliche Situation und zahlreiche Wege in Richtung eines energiepolitischen Gesamtkonzepts beschrieben. Dabei spielen Ausbau und Förderung von Techniken zur Nutzung erneuerbarer Energien eine entscheidende Rolle. Im Zusammenhang mit der angestrebten Versorgungssicherheit geht es nicht nur um die Frage, wie die Abhängigkeit von Öl und Gas weiter reduziert werden kann, sondern auch darum, einen besonders wirkungsvollen „Energiemix“ zu entwickeln oder eine sogenannte Energie-Effizienz-Strategie umzusetzen. Unter der Rubrik „Modernisierung der Stromversorgung“ wird gefragt, wie die Ziele bis 2020 beim Ausbau erneuerbarer Energien erreicht oder übertroffen werden können. Im Zusammenhang mit dem Rückgang der Stromerzeugung aus Kernenergie wird nach einem wirtschaftlich vertretbaren Ersatz gefragt, der auch quantitativ interessant ist.

Auf dem Acker sind im wahrsten Sinne des Wortes sonnige Zeiten angebrochen, denn es geht um eine Reihe erprobter Methoden, um aus Ackerpflanzen Biodiesel, Alkohol oder SunDiesel herzustellen.

Ausgefeilte Verfahren mit schon beachtlich hoher Ausbeute lassen eine rasante Entwicklung für diese Nutzungsform pflanzlicher Sonnenenergie erwarten. Christian Wüst gibt in seinem Bericht **„Bohrtürme zu Pflugscharen“** genauere Einblicke in die Entwicklungsgeschichte und die Erfolgsaussichten solcher Systeme. Eine Grafik veranschaulicht die Produktion von SunDiesel aus Biomasse.

Solarkraftwerke können inzwischen beachtliche Größen erreichen. Einige Firmen der Branche sind auch am Aktienmarkt erfolgreich. Mit einem Solarförderprogramm wird Kalifornien zum drittgrößten Produzenten von Solarstrom werden.

Hierzu passt die Meldung, dass Fotovoltaikanlagen noch weitaus effizienter gebaut werden können, als es bisher praktiziert wird. Neben besonderen Entwicklungen bei Solarzellen spielen auch neue Brennstoffzellentechniken eine Rolle bei dem Bestreben, von Öllieferungen unabhängig zu werden. Stellvertretend für diese Entwicklung gibt

Eine der größten Fotovoltaikanlagen der Welt: Strom für 6400

Carl-Peter Forster in einem Interview Auskunft über die Anstrengungen von General Motors bei der Entwicklung neuer Antriebstechniken auf die Brennstoffzelle zu setzen: „Das System hat den höchsten Wirkungsgrad und ist deutlich effizienter als die modernsten Dieselmotoren.“

Miniaturmodelle von Brennstoffzellen finden inzwischen auch Verwendung bei der Energieversorgung von Notebooks, Handys und MP3-Play-

ressourcen

PAUL-LANGROCK.DE

Haushalte in Arnstein/Rheinland-Pfalz

ern. Die Vielfalt der neuen Produkte zeugt von einem großen Innovationswunsch und dem starken Willen, zahlreiche Möglichkeiten der Energieversorgung und -nutzung zu entwickeln und zu erproben.

Im letzen Aufsatz stellt Jeremy Rifkin den Wasserstoff als Energie des 21. Jahrhunderts vor. Es geht um technische Faszination, wirtschaftlichen Neubeginn, neue politische Machtverhältnisse und, wie der Titel schon sagt, um eine „smarte Revolution". Mit einer Fülle von Argumenten entwirft Rifkin ein faszinierendes Szenarium, das einen technischen und wirtschaftlichen Neuanfang beschreibt. Bisherige Vorstellungen von Effizienz und Versorgungssicherheit werden vollkommen umdefiniert. Energieströme, Marktpositionen und Machtverhältnisse werden komplett neu gedacht.

Nur eine Vision?

Bundesministerien Wirtschaft und Technologie/Umwelt, Naturschutz und Reaktorsicherheit

Energieversorgung für Deutschland

Der Statusbericht für den Energiegipfel beschreibt die aktuelle Lage und die zu erwartende Entwicklung der Energieversorgung unter Berücksichtigung des europäischen und internationalen Rahmens. Er schafft damit die Basis für die Ableitung der Herausforderungen, an denen eine Gesamtstrategie zu messen ist. Für die langfristige Sicherung einer wirtschaftlich und umweltpolitisch tragfähigen Energieversorgung brauchen wir ein in sich schlüssiges energiepolitisches Gesamtkonzept. In diesem Zusammenhang sind vor allem folgende Fragen zu beantworten:

1. Versorgungssicherheit

Bis 2030 sind weltweit voraussichtlich keine grundlegenden Versorgungsengpässe zu erwarten. Für Deutschland und die Europäische Union nimmt jedoch bei den Energieträgern Öl und Gas die Abhängigkeit von politisch instabilen Förderregionen zu.

- Wie lässt sich der Energieverbrauch insgesamt weiter senken?
- Wie lässt sich die Abhängigkeit von Öl und Gas reduzieren?
- Wie lässt sich der Anteil inländischer Energieträger erhöhen?
- Welche Anforderungen ergeben sich im Hinblick auf einen ausgewogenen Energiemix?
- Wie kann eine Energie-Effizienz-Strategie am besten umgesetzt werden?

2. Modernisierung der Stromversorgung

Der Strombedarf wird in Deutschland etwa auf heutigem Niveau bleiben und langfristig sinken. Mit dem altersbedingten Ersatz von Kraftwerken und dem gesetzlich verankerten Ausstieg aus der Kernenergie ergibt sich ein hoher Investitionsbedarf.

- Welche Investitionen in hocheffiziente Kraftwerke und Netze sind erforderlich und geplant?
- Wie lässt sich die Effizienz der Stromerzeugung erhöhen?
- Wie lässt sich mittelfristig der Strombedarf durch erhöhte Effizienz senken?
- Wie lässt sich der Ausbau erneuerbarer Energien wirtschaftlich effizient voranbringen und eine optimale Integration in die Stromversorgung erreichen?
- Wie lässt sich der Ausbau erneuerbarer Energien im Strom- und Wärmemarkt verstärken, um die Ziele für 2020 zu erreichen, bzw. wenn möglich zu übertreffen?
- Wird es für die auslaufende Stromerzeugung aus Kernenergie quantitativ ausreichend und wirtschaftlich vertretbar Ersatz geben?
- Wie kann zügig die Lösung der sicheren Endlagerung radioaktiver Abfälle erreicht werden?

3. Energie- und Strompreise

Die Energie- und Strompreise sind in den letzten Jahren stark gestiegen. Wegen der weltweit wachsenden Energienachfrage insbesondere der Schwellenländer aber auch durch staatliche Regelungen ist auch in Zukunft mit einem hohen Preisniveau zu rechnen …

5. Innovation und Technologie

Innovation und neue Technologien sind ein Schlüssel für die Bewältigung der energiepolitischen Herausforderungen. Deutschland braucht leistungsfähige, wirtschaftliche und umweltfreundliche Technologien für die eigene Energieversorgung, aber auch für die Sicherung der starken Stellung deutscher Unternehmen auf einem weltweiten Wachstumsmarkt.

- Auf welchen Feldern der Grundlagenforschung (z. B. neue Materialien, Prozesse, Systemsteuerung) können wichtige Innovationen für die künftige Energietechnik vorangetrieben werden?
- Welche Schwerpunkte muss die öffentlich und privat finanzierte Energieforschung unter Einbeziehung von Energieeffizienz und erneuerbaren Energien setzen?
- Wie kann das CO_2 -freie Kraftwerk auf fossiler Basis wirtschaftlich effizient vorangebracht werden?
- Wie können Forschung und Entwicklung verstärkt zur Nutzung der Energiespeicherung sowie zum Management von Energieversorgung, Energieverteilung und Energieverbrauch beitragen?

Strom aus der Wüste

Zur Sicherung der Energieversorgung startet der Club of Rome eine neue Initiative für solarthermische Kraftwerke in Südeuropa und den nordafrikanischen Wüsten. Die heißen Trockenzonen seien weltweit die „größte und am wenigsten erschlossene Energiequelle". Schon bei einem Preis von 50 bis 70 US-Dollar pro Barrel Erdöl seien große Solarkraftwerke, wie kommerzielle Anlagen in Kalifornien zeigten, wettbewerbsfähig. Über die bereits bestehenden Leitungen zwischen Nordafrika und Europa könnte der Wüstenstrom in das heimische Netz gespeist werden. Diese Woche will Club-of-Rome-Präsident Prinz Hassan Ibn Talal aus Jordanien auf der Hannover-Messe für das Wüstenprojekt werben. Die alte Bundesregierung förderte die Entwicklung der Solarthermie bereits mit über zehn Millionen Euro. Anfang des Monats wurde im Umweltministerium weitere Unterstützung in Aussicht gestellt.

DER SPIEGEL, 17/2006, S. 20

- ▶ Wie lässt sich die Markteinführung neuer Technologien durch Staat und Wirtschaft vorantreiben?
- ▶ Wie kann der Weltmarkt für Ausbau und Modernisierung der Energieversorgung für deutsche Unternehmen besser erschlossen werden?
- ▶ Wie können alternative Kraftstoffe wettbewerbsfähig gemacht werden? … ●

Bundesministerium für Wirtschaft und Technologie, Bundesministerium für Umwelt, Naturschutz und Reaktorsicherheit: „Energieversorgung für Deutschland – Statusbericht für den Energiegipfel am 3. April 2006", März 2006

DPA

Rapsanbau für Biotreibstoff: Ein problembehafteter Saft

CHRISTIAN WÜST

Bohrtürme zu Pflugscharen

VOR SECHS JAHREN ERÖFFNETE VW die „Autostadt" in Wolfsburg. Es ist der eindrucksvollste Vergnügungspark, den die PS-Branche jemals um ihr Handelsgut errichtete. Die Metropole des Motorenkults bietet Kinos, Museen und lehrreiche Spektakel. Das interessanteste – und für das Automobil womöglich bedeutendste – Ausstellungsstück ist ein durchsichtiger Kunststoffkasten. Sein Inhalt: ein Gemüsegarten. Über einen ferngesteuerten Roboterarm kann der Besucher hier Brunnenkresse aussäen – und acht Wochen später das Ergebnis abholen: ein Tröpfchen Diesel, von der Konzernforschung aus der Salatbeigabe raffiniert.

Zwei Meter, sagt VW, könne ein Traktor damit fahren; das ist kein großer Schritt für eine Landmaschine – doch ein zarter Hoffnungsschimmer für die mobile Gesellschaft, die mit zunehmender Sorge auf die globale Tankuhr blickt.

Pflanzenfett ist dem Motor ebenso willkommen wie Erdöl, das wussten schon die Urväter des Maschinenbaus. „Wie sich herausgestellt hat, können Dieselmotoren ohne jede Schwierigkeit mit Erdnussöl betrieben werden", erklärte der ingeniöse Erfinder Rudolf Diesel im Jahr 1912. Diesels Zeitgenossen schenkten solchen Fragen kaum Beachtung. Es war schwer vorstellbar, dass das Automobil einmal dazu taugen sollte, ein Ressourcenproblem zu kriegen …

Die bisher größte Anstrengung, fossilen Kraftstoff durch ein Pflanzenprodukt zu ersetzen, unternahm die deutsche Rapsölbranche. Im Laufe des vorigen Jahrzehnts mauserte sich die Initiative mittelständischer Einzelkämpfer zu einem veritablen Industriezweig. 1,9 Millionen Tonnen Rapsölmethylester, gewonnen aus dem Samen der gelbblühenden Feldpflanze, wurden 2005 in Deutschland den Autos als Futter verabreicht.

Der Biodiesel, so die offizielle Handelsbezeichnung, gelangt teils als Beimischung in den konventionellen Kraftstoff, teils in reiner Form an inzwischen knapp 2000 Zapfstellen zu günstigeren Preisen in die Tanks.

Nirgendwo sonst auf der Welt wurden bisher vergleichbare Mengen Biodiesel hergestellt. Das deutsche Rapsexperiment zeigt damit aber auch die Grenzen ökosauberen Wachstums auf. Gut eine Million Hektar, etwa ein Zehntel der gesamten bundesdeutschen Ackerfläche, werden inzwischen vom Rapsanbau belegt. Eine Ausweitung um weitere 500 000 Hektar ist aus Expertensicht möglich.

Im günstigsten Fall wären also jährlich knapp drei Millionen Liter Biodiesel aus heimischen Äckern zu gewinnen. Dem steht jedoch ein aktueller Jahresbedarf der deutschen Bevölkerung von 130 Millionen Tonnen Mineralöl entgegen. Der Raps allein kann eine Industriegesellschaft nie und nimmer vom Erdöltropf befreien.

Unabhängig von seinem spärlichen Ertrag ist Rapsdiesel ohnehin ein problembehafteter Saft: Für die Düngung der Felder und spätere Verarbeitung der Ernte wird extrem viel Energie verbraucht – und die macht einen Großteil des Einsparpotenzials wieder zunichte …

Einer der ersten Biokraftstoffe, deren Herstellungsverfahren an der Schwelle stehen, den Sprung von der ersten zur zweiten Generation zu machen, ist eine Substanz, die dem Menschen schon seit Jahrtausenden als Rauschmittel dient: Alkohol.

CHRISTIAN WÜST, Jahrgang 1972, ist Redakteur beim SPIEGEL im Ressort Wissenschaft und Technik.

Nikolaus August Otto befeuerte einen Vorläufer des später nach ihm benannten Ottomotors um 1860 mit diversen Spritttypen, die der Handel anbot. Einer davon war Ethylalkohol, damals weit verbreitet als Brennstoff für Lampen ...

Nur ein einziges Land ging einen Sonderweg und setzte offensiv auf Alkohol im Tank: Brasilien. Etwa 40 Prozent seines Kraftstoffbedarfs deckt das südamerikanische Land heute mit Bioethanol, einer Form von Alkohol.

Das tropische Klima lässt dort Zuckerrohr als Rohstoff für die Ethanol-Gewinnung in gigantischen Mengen emporsprießen – was nicht unbedingt ein Segen für die örtliche Umwelt ist. Millionen Hektar Urwald mussten bereits den Plantagen für Autofutter weichen.

In Europa und Nordamerika gewinnt man Ethanol vorwiegend aus Feldfrüchten wie Weizen, Roggen oder Mais. In Deutschland haben Firmen wie Südzucker inzwischen Schnapsraffinerien in Betrieb genommen. All diese Unternehmen arbeiten noch mit Herstellungsmethoden der ersten Generation. Die Erträge würden niemals reichen, um nennenswerten Ersatz für Benzin zu schaffen. Erst seit wenigen Jahren arbeiten Forscher an leistungsfähigen Verfahren zur Umwandlung von Stroh und Holz in Ethanol ...

Weit größere Hoffnungen nährt eine Technologie, die sich noch im Entwicklungsstadium befindet: Sie heißt „SunDiesel“ und wird derzeit im sächsischen Freiberg erprobt.

Dort ersann der gelernte Steinkohlehauer und auf dem zweiten Bildungsweg zum Ingenieur veredelte Visionär Bodo Wolf eine Methode, die aus Holz und anderen organischen Substanzen die Entstehung der fossilen Rohstoffe im Zeitraffer nachvollziehen soll.

Die Schlüsselerkenntnis, auf deren Grundlage er schon zu DDR-Zeiten sein Verfahren ausbrütete, manifestiert sich in einer simplen Wahrheit: „Öl, Gas und Kohle – das ist alles Sonnenenergie.“

Das gesamte Kraftfutter des Industriezeitalters ist das Resultat blühenden Lebens der Urzeit, das infolge tektonischen Ungemachs zügig unter der Erde verschwand, ehe es an der Luft vermodern konnte: Wälder wurden zu Kohleflözen, trockengefallene Lagunen voller Algen und Meeresgetier zu Öl- und Gasfeldern. Unter enormem Druck und hohen Temperaturen bildeten sich aus den Kohlenwasserstoffen der früheren Lebewesen die festen, flüssigen und gasförmigen Energieträger.

Wolf hat eine Methode entwickelt, genau diesen Prozess nachzuahmen und dabei gewaltig zu beschleunigen. Was die Natur in Jahrmillionen bewerkstelligte, erledigt das von Wolf patentierte „Carbo-V-Verfahren“ in wenigen Stunden: Holz, Stroh und jede andere Form getrockneter organischer Substanzen wird in einer Apparatur von Brennern und Katalysatoren in ein Synthesegas verwandelt. Aus diesem gewinnt ein Fischer-Tropsch-Reaktor, wie auch bei der schon länger praktizierten Kohle- und Erdgasverflüssigung, Dieselkraftstoff ...

Christian Wüst: Bohrtürme zu Pflugscharen. DER SPIEGEL, 16/2006, S. 124

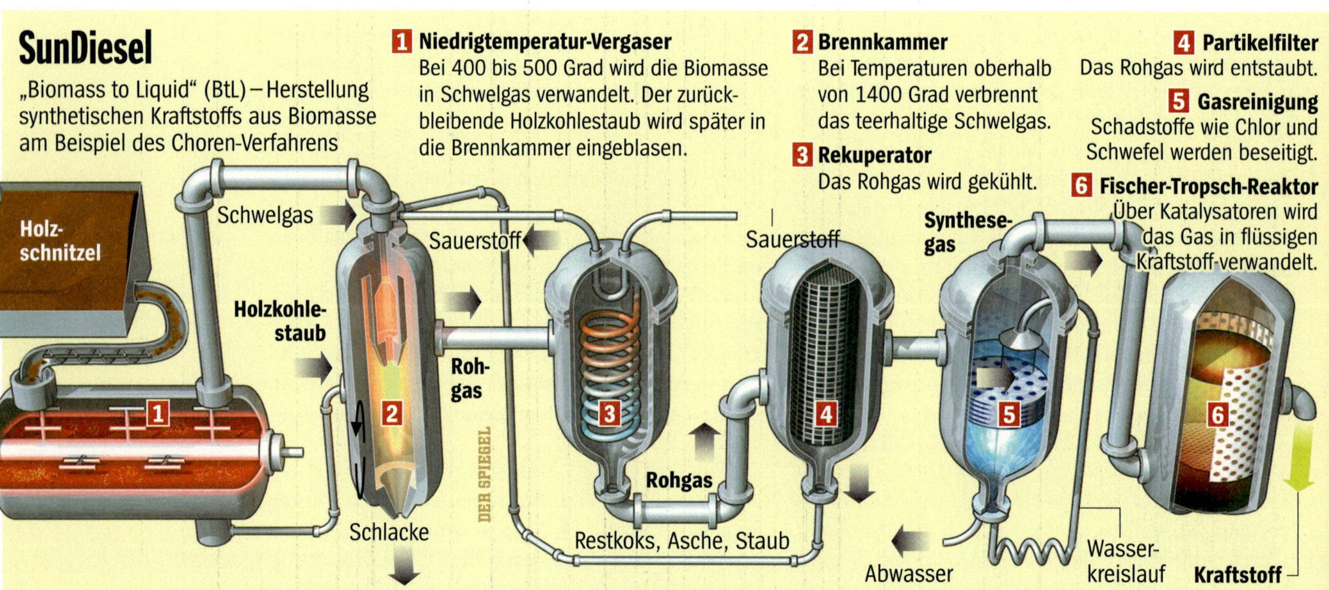

INTERVIEW MIT CARL-PETER FORSTER

„Wir setzen auf die Brennstoffzelle“

MM: Herr Forster, in die Entwicklung alternativer Treibstoffe und Antriebstechniken ist bei diesen hohen Ölpreisen neuer Drive gekommen. Womit fährt das Auto der Zukunft?

FORSTER: Das Thema rollt in der Tat mit zunehmendem Tempo auf uns zu, und die Autobranche hat gar keine Wahl, als sich intensiv damit auseinanderzusetzen. In 20 Jahren wird es weltweit wahrscheinlich doppelt so viele Fahrzeuge geben wie heute. Das Öl wird immer knapper und teurer. General Motors setzt deshalb auf die Brennstoffzelle, also die Umwandlung von Wasserstoffenergie in Antriebskraft. Das System hat den höchsten Wirkungsgrad und ist deutlich effizienter als die modernsten Dieselmotoren.

MM: Die Brennstoffzelle ist längst noch nicht wirtschaftlich einsetzbar.

FORSTER: Genau daran arbeiten wir. Wir glauben, in der ersten Hälfte des kommenden Jahrzehnts die Brennstoffzelle zu akzeptablen Preisen auf den Markt bringen zu können. Unser Kostenziel sind 50 Dollar je Kilowatt. Noch vor wenigen Jahren lagen wir bei 500 Dollar. Diese Kosten haben wir mittlerweile deutlich unterschritten.

MM: Der Preis ist das eine Problem, das zweite ist die Technik.

FORSTER: Diese Technik und ihre Adaption an das Auto sind weiter fortgeschritten, als viele glauben. Aber Brennstoffzellenautos halten noch keine 150 000 oder 200 000 Kilometer durch.

MM: Brennstoffzellenautos brauchen eine neue Tankstellen-Infrastruktur. Wo soll die so schnell herkommen?

FORSTER: Wasserstoff ist jedenfalls ausreichend verfügbar. Schon die heutige jährliche Produktionsmenge von 50 Millionen Tonnen reicht aus, um 200 Millionen Brennstoffzellenfahrzeuge anzutreiben. Der Aufbau der Wasserstofftankstellen wird sicherlich 20 Jahre dauern und parallel zur Entwicklung des Fahrzeugbestands verlaufen. Aber schon heute gibt es ja einige dieser Tankstellen in deutschen Großstädten wie Berlin oder München.

MM: Ein flächendeckendes Wasserstoffnetz kostet zig Milliarden. Wer kann sich das leisten?

FORSTER: Eine regionale Versorgung in den USA, die etwa 70 bis 75 Prozent der Bevölkerung erreicht – also alle zwei Meilen eine Tankstelle –, würde 10 bis 15 Milliarden Dollar kosten. Das ist relativ viel Geld, aber nicht unerreichbar. Ein Ölmulti wie Shell oder BP investiert jedes Jahr so viel. Wahrscheinlich wird sich die Wasserstofftechnologie in den entwickelten und kaufkraftstärkeren Märkten zuerst durchsetzen.

H. FOERSTER / ECOPIX

CARL-PETER FORSTER, Jahrgang 1954, ist im Europavorstand von General Motors tätig.

MM: Herr Forster, wann ist der Otto-Motor ein Fall fürs Museum?

FORSTER: Das wird ein schleichender Prozess werden. Bis Wasserstoff das einzige Antriebsmedium für Autos sein wird, werden noch mehrere Jahrzehnte vergehen. In der Zwischenzeit werden wir je nach Region verschiedene Technologien und Antriebe auf den Straßen sehen.

MM: Welche zum Beispiel?

FORSTER: Der Hybridmotor, der mit Strom und Benzin fahren kann, gehört sicher dazu. Dennoch wird diese Technik derzeit aus meiner Sicht überbewertet, denn der Hybrid ist ein aufwendiges und teures System, für das obendrein weiterhin fossiler Brennstoff benötigt wird. Viel zu kurz kommt in der öffentlichen Diskussion dagegen alternativer Treibstoff aus Biomasse. Das ist für Länder hochinteressant, die etwa über reichlich Holz verfügen, wie Schweden. Dort galoppiert dieses Thema derzeit gewaltig los: Der Kraftstoff Ethanol ist steuerbefreit, man kann in Stockholms Innenstadt kostenfrei parken. Diese Technik wird in Deutschland noch viel zu wenig beachtet. ●

Dietmar Student: „Wir setzen auf die Brennstoffzelle“. manager magazin, 11/2005, S. 190

Alexander Jung

Schneewittchens heißes Herz

Alexander Jung, Jahrgang 1966, ist Wirtschaftsredakteur beim SPIEGEL.

Es ist düster hier, immerzu düster. Seit Wochen haben die Arbeiter auf der Insel Melkøya vor der norwegischen Hafenstadt Hammerfest keine Sonne mehr gespürt. Nur etwa zwei Stunden am Tag schimmert am Horizont die Dämmerung. Und das ist längst nicht die einzige Widrigkeit auf dieser gewaltigen Baustelle, 600 Kilometer jenseits des Polarkreises.

In der Winterkälte bleibt der Boden permanent gefroren, der Wind schneidet den Arbeitern ins Gesicht. Jedes Werkzeug, das sie ablegen, verschwindet binnen Minuten im Neuschnee ... Ausgerechnet in dieser unwirtlichen Gegend liegt die Zukunft der europäischen Energieversorgung.

Ein Viertel der weltweiten Öl- und Gasressourcen, so wird geschätzt, sind in der Arktis verborgen. Ein Teil davon liegt unter dem Meeresboden der Barentssee. Dort will der norwegische Energiekonzern Statoil im kommenden Jahr mit der Förderung von Erdgas beginnen. Grund: Den Rohstoff aus der Eiswüste per Pipeline nach Zentraleuropa zu transportieren wäre zu teuer; dafür liegt die Barentssee zu weit ab. Deshalb entsteht auf dem Eiland vor Hammerfest Europas erste Großanlage zur Verflüssigung von Erdgas. Von dort kann es dann per Schiff in alle Welt geliefert werden.

Im Energiegeschäft gewinnt die Verflüssigung zu sogenanntem LNG (Liquified Natural Gas) schnell an Bedeutung. LNG macht bereits ein Viertel des globalen Gashandels aus. Bis 2025 soll der Markt jährlich um etwa acht Prozent wachsen, weit schneller als das Geschäft mit Pipeline-Gas ...

Der Vorteil von LNG: Spezialschiffe können die Flüssigkeit über weite Entfernungen transportieren. Der Nachteil: Der Aufwand ist immens, das Sieben-Milliarden-Euro-Projekt vor Hammerfest ist dafür der beste Beweis. „Das hier ist die anspruchsvollste Aufgabe, die Leute in meiner Branche heute machen können", sagt der zuständige Statoil-Manager Odd Mosbergvik.

„Snøhvit", zu Deutsch „Schneewittchen", heißt das Feld, das die Norweger in der Barentssee erschließen. Wenn es „onstream" geht, kommt das Gas rund 90 Grad heiß und mit etwa 250 Bar Druck aus der Tiefe des Meeresbodens geschossen. Dann soll es, ohne je an die Oberfläche zu gelangen, direkt von den Unterwasserquellen durch eine 67 Zentimeter dicke Pipeline 140 Kilometer weit bis nach Melkøya transportiert werden.

Das eiskalte Meerwasser kühlt das Gas auf 40 Grad herunter, den Rest erledigt ein gewaltiger Kühlschrank, der auf der Insel 62 Meter in den Himmel ragt. Der Wiesbadener Mischkonzern Linde hat die komplexe Anlage in Antwerpen und Cádiz zusammengebaut, eine Fertigung in Hammerfest ließ das Extremklima nicht zu.

In ihrem Inneren geschieht demnächst das Entscheidende: Das Gas wird auf minus 163 Grad Celsius abgekühlt, es schrumpft auf ein Sechshundertstel seiner ursprünglichen Größe und verflüssigt sich. Die Kühlung verschlingt Unmengen an Energie. Sie wird im inseleigenen Kraftwerk erzeugt, natürlich von Gas betrieben.

Solche LNG-Projekte werden im Konzerngeschäft künftig eine bedeutende Rolle spielen, erwartet Linde-Chef Wolfgang Reitzle: „Wir profitieren von einem globalen Zukunftstrend, der uns in den nächsten 15 bis 20 Jahren Aufträge bescheren wird", sagt der Manager. Er denkt an Länder wie Katar und Iran, aber auch an Russland, das in der Barentssee selbst riesige Gasvorkommen besitzt.

Melkøya ist die Referenzanlage von Linde, auch wenn es schwerfällt, ihre Herkunft zu identifizieren. Nirgends auf der Insel ist das Unternehmenslogo zu sehen. Selbst Helme mit dem Schriftzug sind hier unerwünscht. Da sind die Norweger eigen.

Wenn die Gasförderung startet, wird die Insel alle fünf, sechs Tage von den Spezialfrachtern angelaufen, die mit LNG betankt werden und dann Terminals in den USA und in Spanien beliefern. Zehn Tage brauchen die Schiffe bis Maryland, sechs Tage dauert die Passage nach Bilbao. Dort wird das LNG wieder in seinen Urzustand versetzt und ins Gasnetz eingespeist.

Der Aufwand macht die Energie aus Nordnorwegen etwa 30 bis 50 Prozent teurer als Pipeline-Gas. Doch dieses Preisniveau verliert seine abschreckende Wirkung, seit der zwischenzeitliche Stopp der Lieferungen an die Ukraine an der Versorgungssicherheit der Russen zweifeln lässt. Auch die gegenwärtigen kältebedingten Engpässe des Großlieferanten demonstrieren, wie anfällig die Lieferkette ist.

Die Zeit, das wissen die Norweger, läuft für sie und ihre Energiequelle. Funktioniert alles nach Plan, könnte sich die Milliardeninvestition vor Hammerfest schon nach zwei Jahren amortisiert haben. Danach bleibt die Produktion noch voraussichtlich 30 Jahre in Betrieb.

Alexander Jung: Schneewittchens heißes Herz. DER SPIEGEL, 4/2006, S. 86

JEREMY RIFKIN

Die smarte Revolution

... **WIR STEHEN AM ANFANG** eines neuen Energieregimes, das unsere Lebensweise so grundlegend ändern wird wie die Einführung von Kohle und Dampfkraft im 19. und der Wechsel zu Öl und Verbrennungsmotoren im 20. Jahrhundert. Am Horizont zeichnet sich das Wasserstoffzeitalter ab, und die Industrienation, die als erste sein volles Potenzial nutzt, wird für den Rest des Jahrhunderts das Tempo der Wirtschaftsentwicklung vorgeben. Wasserstoff ist das leichteste und häufigste Element im Universum, und wenn man ihn als Energieträger nutzt, bekommt man nichts weiter als Wasser und Wärme. In Raumschiffen wandeln seit über 30 Jahren Brennstoffzellen Wasserstoff in Energie um.

Norwegische Gasverflüssigungsanlage: Ein Viertel der weltweiten Öl- und Gasreserven sind in der Arktis verborgen

Sich das Ziel zu setzen, zur ersten voll integrierten Wasserstoffwirtschaft der Welt zu werden, ist eine großartige Idee für die neue Große Koalition ...

Der historische Übergang zur Wasserstoffwirtschaft wird das Wirtschaftswachstum ankurbeln, Millionen neuer Arbeitsplätze schaffen, die europäische Integration erleichtern, für nachhaltige Entwicklung sorgen und die Energiesicherheit erhöhen.

Das gefährliche geopolitische Spiel am Persischen Golf wird ein Ende finden.

Zu qualitativen Sprüngen in der Produktivität, der Wirtschaftsentwicklung und der Beschäftigung ist es in der Geschichte immer dann gekommen, wenn neue Energiearten etabliert und die dafür nötigen Infrastrukturen geschaffen wurden. Die Nutzung von Kohle und Dampfkraft samt dem Bau des Eisenbahnnetzes im 19. Jahrhundert und genauso die Einführung von Benzin- und Dieselmotoren samt dem Bau des Straßennetzes im 20. Jahrhundert führten zu großen Produktivitätsschüben, schufen Millionen Jobs und machten zahllose neue Produkte, Dienstleistungen und Märkte möglich. Heute stehen Wasserstoffenergie und Brennstoffzellentechnik an der Schwelle zur kommerziellen Nutzung. Ihre weite Verbreitung wird wahrscheinlich größere Auswirkungen auf die Weltwirtschaft haben als jede andere Neuerung in absehbarer Zukunft ...

Wasserstoff hat das Potenzial, die Abhängigkeit der Welt von Ölimporten zu beenden und dem gefährlichen geopolitischen Spiel rund um den Persischen Golf die Grundlage zu entziehen. Wasserstoff wird die Kohlendioxidemissionen drastisch reduzieren und die Folgen des Klimawandels lindern. Und weil es Wasserstoff in Hülle und Fülle gibt, kann jeder Mensch Zugang dazu bekommen – wir bekämen das erste wirklich demokratische Energieregime der Geschichte. Denn Wasserstoff findet man überall auf der Erde, in freier Form kommt er allerdings in der Natur kaum vor. Vielmehr muss er aus Kohlenwasserstoffen, Wasser oder Biomasse gewonnen werden. Kommerziell lässt sich Wasserstoff heute am kostengünstigsten mittels katalytischer Dampfspaltung aus Erdgas gewinnen. Doch die Erdgasvorräte sind so begrenzt wie die des Öls und daher keine verlässliche Quelle.

Der amerikanische Ökonom JEREMY RIFKIN, geboren 1943, ist Gründer und Präsident der Foundation on Economic Trends in Washington. Er verfasste unter anderem: „Die H2-Revolution (Wasserstoff). Mit neuer Energie für eine gerechte Weltwirtschaft". Campus Verlag, Frankfurt am Main, 2002.

Man kann Wasserstoff auch aus Kohle extrahieren, das aber würde die Freisetzung von Kohlendioxid in die Atmosphäre drastisch steigern. Kernkraft käme ebenfalls infrage, aber damit würden noch viel mehr gefährliche radioaktive Abfälle erzeugt, unsere Sicherheit wäre im Zeitalter des Terrorismus ernstlich bedroht, und Konsumenten wie Steuerzahler müssten erheblich mehr für ihre Energie zahlen.

Man kann Wasserstoff aber auch gewinnen, ohne dass fossile Brennstoffe oder Kernkraft zum Einsatz kommen. Erneuerbare Energiequellen – Solarzellen, Wind- und Wasserkraft sowie Erdwärme – werden zunehmend zur Stromerzeugung genutzt. Diese Elektrizität kann dazu verwendet werden, Wasser mittels Elektrolyse in Wasserstoff und Sauerstoff zu spalten. Daneben kann man Wasserstoff aus Biomasse erzeugen – aus eigens dafür angebauten Nutzpflanzen, aus Abfällen der Land- und Forstwirtschaft sowie aus organischem Hausmüll –, ohne dass dafür ein elektrolytischer Prozess nötig wäre. Wenn man die Agrarsubventionen zum Teil von Ernährungs-Nutzpflanzen auf Energie-Nutzpflanzen umschichtete, könnte das die Diskussionen zwischen Deutschland und der EU um die Landwirtschaftsbeihilfen beenden. Ist der Wasserstoff erst einmal produziert, kann er gelagert und bei Bedarf zur Stromerzeugung verwendet werden.

Der entscheidende Punkt ist, dass die Gesellschaft sich nicht auf erneuerbare Energiequellen verlassen kann, solange keine Energie in Form von Wasserstoff gespeichert wird. Denn diese Quellen stehen nicht kontinuierlich zur Verfügung. Die Sonne scheint nicht immer, der Wind weht nicht ständig, in Trockenzeiten fließt nicht genug Wasser, und Ernteerträge schwanken. Mangelt es an erneuerbarer Energie, kann kein Strom erzeugt werden, und die Wirtschaft kommt zum Erliegen. Wird aber bei einem Überangebot erneuerbarer Energie reichlich Strom erzeugt und ein Teil dazu genutzt, aus Wasser Wasserstoff zu gewinnen, kann dieser zur späteren Verwendung gespeichert werden, und die Gesellschaft wird gleichmäßig mit Strom versorgt. Sind die Ernteerträge hoch, kann Wasserstoff auch aus Biomasse extrahiert und eingelagert werden.

Brasilien ist ein Lehrbeispiel dafür, was passiert, wenn man sich auf erneuerbare Energiequellen verlässt, ohne Vorsorge zu treffen, dass als Wasserstoff gespeicherte Energie die kontinuierliche Stromeinspeisung ins Netz sicherstellt. Fast 95 Prozent der brasilianischen Elektrizität kommen aus einer erneuerbaren Energiequelle – Wasserkraft. Im Jahr 2001 litt Brasilien unter Dürre. Der Wassernachschub ging zurück, die Elektrizitätserzeugung geriet ins Stocken. Mit einer Wasserstoffinfrastruktur hätte Brasilien bei hohen Wasserständen einen Teil der überschüssigen Energie dazu nutzen können, elektrolytisch gewonnenen Wasserstoff zur zusätzlichen Stromerzeugung in Dürrezeiten einzulagern.

Die deutsche Regierung hat sich auf das Ziel geeinigt, bis zum Jahr 2010 12,5 Prozent des deutschen Stroms aus erneuerbaren Quellen zu gewinnen, und 2020 sollen es 20 Prozent sein. Sobald erneuerbare Energien mehr als 5 Prozent zur Gesamterzeugung beitragen, können vorübergehende Aussetzer bei Sonnen-, Wind- und Wasserkraftwerken bereits zu Lieferengpässen, Preissprüngen und sogar Stromausfällen führen. Wasserstoff als Speichermedium für erneuerbare Energien wird von entscheidender Bedeutung sein, wenn Deutschland sich eine verlässliche Energieversorgung sichern will.

Noch sind die Kosten für die Nutzung erneuerbarer Energie und die Gewinnung von Wasserstoff hoch, aber sie sinken Jahr für Jahr drastisch …

Die Energieströme werden umverteilt – und die Machtverhältnisse verändert.

Kommerzielle Brennstoffzellen für den Einsatz in der Industrie, in Büros und auch zu Hause werden gerade auf den Markt gebracht. Produktions- und Dienstleistungsbetriebe kaufen große stationäre Brennstoffzellen, um über eigene Elektrizitätsreserven für Netzstromschwankungen bei Volllast oder für den Fall von Stromausfällen zu verfügen. Auf dem Münchner Flughafen installierte die Linde AG kürzlich eine hochmoderne Brennstoffzellenanlage zur Stromerzeugung aus Wasserstoff. Hitachi und Toshiba wollen 2007 die ersten tragbaren Brennstoffzellen auf den Markt bringen. Die Verbraucher können dann Mobiltelefone, Laptops, Digitalkameras und MP3-Player zwischen 8 und 35 Stunden lang mit einer einzigen

Mit Wasserstoff betriebener

SPIEGEL@KLETT

Patrone betreiben. Große Automobilfirmen haben Milliarden in die Entwicklung von Autos, Bussen und Lastkraftwagen investiert, die mit Wasserstoff fahren. Auf den Straßen Europas laufen diese Fahrzeuge gerade im Test, und die ersten Modelle erwartet man zwischen 2010 und 2020 in den Verkaufsräumen.

Die Wasserstoffwirtschaft ermöglicht eine erhebliche Umverteilung der Energieströme – und damit auch der Machtverhältnisse – mit weitreichenden positiven Folgen für die Gesellschaft. Der heutige zentralisierte Energiefluss von oben nach unten, der von global agierenden Ölgesellschaften und Stromerzeugern kontrolliert ist, wird entbehrlich. In der neuen Ära können Unternehmen, Stadtverwaltungen und auch Eigenheimbesitzer ihre Energie selbst produzieren – „distribuierte Stromerzeugung" lautet der Fachbegriff. Sogar das Auto könnte zu einem „Kraftwerk auf Rädern" mit einem Ausstoß von 20 Kilowatt werden. Da ein normales Auto die meiste Zeit geparkt herumsteht, kann man es während des Nichtgebrauchs zu Hause, im Büro oder an Zugangspunkten zum interaktiven Stromnetz „einstöpseln", sodass es Primärenergie ins Netz einspeist. Wenn nur 25 Prozent aller Autofahrer ihre Fahrzeuge als Kraftwerke einsetzen und Strom an die Netzbetreiber verkaufen, werden alle Kraftwerke des Landes überflüssig.

Damit Millionen Menschen nicht nur Strom verbrauchen, sondern auch welchen produzieren können, muss das Elektrizitätsnetz umgebaut werden. Und das ist der Punkt, an dem die Software- beziehungsweise Computerrevolution und die neue Wasserstoffwirtschaft zusammenkommen. Dieselben Konstruktionsprinzipien und smarten Technologien, die das Internet und dezentrales globales Kommunizieren enormen Ausmaßes ermöglichten, werden die Stromnetze der Welt so neu konfigurieren, dass Menschen mit ihresgleichen Energie teilen, wie sie heute Informationen teilen, wodurch eine neuartige, dezentralisierte Energiewirtschaft entsteht.

MILAN HORACEK / BILDERBERG

Bus in der Hamburger Innenstadt: Drastische Reduktion der Emission

TORSTEN SILZ / DDP

Was tun bei Flaute? Neue Technologien generieren aus Windkraft Strom und mit Strom Wasserstoff

Anregungen für den Unterricht

1. *Stellen Sie aus dem vollständigen Statusbericht „Energieversorgung für Deutschland" Vorstellungen, Pläne und Initiativen zusammen, die erneuerbare Energien zum Thema haben. Welche der dargestellten Vorhaben halten Sie für besonders aussichtsreich?*

2. *Wie könnte eine Entwicklung aussehen, die Wasserstofftechnologien nutzt, um unabhängig von Öllieferungen zu werden? Skizzieren Sie dazu einige wesentliche Prozesse, Voraussetzungen, politische und wirtschaftliche Initiativen.*

3. *Welche Antworten gibt Jeremy Rifkin in seinem Aufsatz „Die smarte Revolution" auf die Fragen nach Versorgungssicherheit, Wettbewerbsfähigkeit und Nachhaltigkeit?*

4. *Wie leitet Rifkin daraus seine Vorstellung ab, in den nächsten 25 Jahren könnten Millionen neuer Arbeitsplätze geschaffen werden?*

5. *Arbeiten Sie die Eckpunkte Ihrer Antworten aus 3. und 4. in eine Grafik ein, und heben Sie mögliche Wechselwirkungen und Abhängigkeiten farblich hervor.*

6. *Wie begründet Rifkin seine Vorstellung, Deutschland solle eine Führungsrolle „auf dem Weg zur Wasserstoffwirtschaft" einnehmen?*

Die deutsche Industrie hat das wissenschaftliche, technische und finanzielle Know-how, um zur Speerspitze der Wasserstoffwirtschaft zu werden und die Welt in eine neue ökonomische Ära zu führen. Mit seinen weltweit führenden Automobilherstellern, seinen Chemie-, Metall-, Bau-, Software- und Kommunikationsunternehmen sowie seiner Bank- und Versicherungswirtschaft hat Deutschland beim Wettlauf ins Wasserstoffzeitalter einen Startvorteil. Das Land kann sich des zweitgrößten Solarmarktes der Welt rühmen und ist der global führende Windkraftproduzent. Die deutsche Regierung sollte eine enge Zusammenarbeit zwischen der Wirtschaft und zivilgesellschaftlichen Organisationen herbeiführen, um die öffentlichen, privaten und gesellschaftlichen Ressourcen für den Aufbau der Wasserstoffinfrastruktur des 21. Jahrhunderts zu mobilisieren.

Die Neugestaltung der deutschen Energieinfrastrukturen wird in den nächsten 25 Jahren Millionen neuer Arbeitsplätze schaffen. Und weil die technischen Einrichtungen zur Nutzung erneuerbarer Energien und die Wasserstoffinfrastruktur vor Ort aufgebaut werden müssen, werden die neuen Jobs ausschließlich in Deutschland entstehen …

Als erste Nation auf dem Markt zu sein wird Deutschland eine Führungsrolle bei der dritten industriellen Revolution einbringen, da es kommerziell einen Vorsprung beim weltweiten Export von Wasserstofftechnik, -Know-how und -Ausrüstung haben wird. Das Automobil neu zu erfinden, die Stromnetze neu zu konfigurieren, transportable wie stationäre Brennstoffzellen zu produzieren, eine neue Generation von erneuerbaren Energiegewinnungsverfahren zu entwickeln und auch die sonstigen Techniken, Waren und Dienstleistungen zu liefern, die eine Hightech-Wasserstoffwirtschaft ausmachen, wird wirtschaftliche Multiplikationseffekte haben, die über die Mitte des 21. Jahrhunderts hinaus Wirkung zeigen.

Auf dem Weg zur Wasserstoffwirtschaft und zu einer dritten industriellen Revolution voranzugehen sollte für die Deutschland regierende Große Koalition oberste Priorität haben. Die Tür zu einem neuen Energiezeitalter aufzustoßen ist das Beste, was Deutschland der Welt im künftigen globalen Zeitalter geben kann. ●

Jeremy Rifkin: Die smarte Revolution. Aus dem Englischen von Hartmut Schickert. „Die Zeit", 9/2006, S. 49